世界伟人传记

爱因斯坦

Einstein

杨政和 编写

陕西出版传媒集团
陕西人民出版社

超越四分之一世纪的期许

——“世界伟人传记”丛书序

早于四分之一世纪前的一个黄昏，有一群中年人和青年人会聚在东方出版社已故创办人游弥坚先生的家里，听取游先生语重心长的谈话。当时台湾的经济情况远不如今日，但已然有萌芽起飞的征兆。社会民生的物质生活，显见较有长足的进展；但是精神生活的提升，则颇嫌步调缓慢。以出版界而言，纸张印刷既不能与今日比，而出版社也寥寥可数，成人的刊物虽然有一些，但少年读物则十分贫乏。游弥坚先生有鉴于此，想要为少年男女编纂一些健康有益的优良读物。他的构想分两方面：一方面要从世界文学名著之中整理出一套可供少年阅读的《世界少年文学选集》，同时也配合出版适宜少年阅读的“世界伟人传记”。那个黄昏会聚在游先生家里的中年人和青年人，便是一群从台湾各地挑选出来担任执笔者。当时还在台大中文研究所读书的我，便是其中之一。虽然，那个黄昏距离现在已超过四分之一世纪的遥远，我仍然不能忘记游先生对于少年读者的关怀，也还记得大家曾经多么热烈地交换意见和互相鼓励的情况！

对于当时的中小学生而言，课外的娱乐活动种类极少，而可供他们课外阅读的书籍更是几乎没有。游先生的这两大套书的出版构想，可说是跨时代的高瞻远瞩。我们讨论到如何分配工作，也商量怎样在分工合作的情况之下，尽量达成异中有同的终极目标。

精选出来的二十多位世界伟人，完全是基于客观公正的立场，所以兼容古今中外，并没有特别强调民族本位的色彩，从教育、文学、科学、政治及艺术等各部门选出最受世人崇仰敬爱的伟大人物。每一位人物的生长背景各不相同，而他们在一生之中所表现的奋斗过程与不折不挠的精神，则是异中有同的。但是为了顾及少年读者阅读的兴趣，这些传记都避免正面冗长的说教性叙述，而多从日常生活富于启发性的小故事来传达伟人所以成功的道理；尤其是着重在他们年少时代的生活特征，以诱发少年读者们的共鸣，希望我们的少男少女在课外阅读这些趣味性浓厚而立意严肃的世界伟人传记时，能够于不知不觉之中领悟到做人处世的高尚理想。

这一套书中随处出现的精美生动的插图，乃是以图辅文，借以达到图文并茂的目的。每一个伟人传记的文后，都附有简单的年谱，让读者能够从中再度温习伟人的重要事迹。

自有“世界伟人传记”丛书的编纂构想以来，已经历了四分之一世纪的时间。这期间无论社会或个人都发生过种种变化，当初主其事的游弥坚先生已经作古，当初执笔撰写参与其事的人，也多四处星散，但是这一套书却一直流传下来，成为最受少年男女欢迎的课外读物之一。这么多年来，许多年少时读过这套书的人，也已经长大成人各奔前程。想到这些，我如今执笔为这一套丛书写序时，心中充满了感慨与感动。现在，我衷心希望无论过去与未来阅读这套书的人，都能深刻铭记编撰人的苦心，从伟人们的传记中汲取崇高的人生哲理。

林文月

爱因斯坦·序言

爱因斯坦是个科学家，但是他超出了科学界，成为各界推崇的学者；爱因斯坦是德国人，但是全球任何民族都敬仰他；爱因斯坦是二十世纪的伟人，但是今后世世代代，他将永远为人所乐道——爱因斯坦就是这么一位超越国籍、时代的历史人物。

与他同时，成就不在他之下的科学家，并不在少数，为什么只有他能赢得举世无匹的盛名呢？不只是因为“相对论”的发现吧！

认识他的人都知道，他具有一种与其他科学家不同的气质。有人将他比作科学界的泰戈尔（印度诗圣），因为他有着悲天悯人、民胞物与的胸襟；而且，这东西两大圣哲，也有深厚的友谊。

无论在求学求职的困难中，还是在纳粹暴政的迫害下，爱因斯坦都不减其研究物理、鼓吹和平、追求自由的热忱；无论在如何恶劣的环境里，他都处之泰然、屹立如山。困难愈大，愈能显出他坚韧不拔的个性；迫害愈深，愈能彰显他优美高尚的情操——像这样一个“富贵不能淫、贫贱不能移、威武不能屈”的大丈夫，当然能受到世人永远的崇敬了！

编　者

目录

少年时代

从专利局到大学

星光照耀大地

世界的旅客

风雨中的巨人

老学者的研究室

少年时代

SHAONIAN SHIDAI

一根磁针，触动了阿尔拔的想象力，他开始向宇宙的神秘之门迈进。

神秘的磁针

小鸟儿掠过了明净的窗前，树枝上传来吱吱的鸟叫声。一个六岁的小孩子，睁着眼睛，乖乖地躺在床上。

“阿尔拔，你好吗？”父亲希尔曼说着，走进房里来了。

“医生说我还不能起床呢。”

“嗯，再忍耐一些时候吧！我给你带来了很好玩的礼物哦！”

父亲从口袋里拿出来的是一个罗盘。在银色的小盒子里面，磁针微微地颤动着。

“嘿，真奇怪的表呀？……两支针连成一直线！”阿尔拔由床上坐了起来。

“这不是表，这叫作罗盘。”

“罗盘？”

“是的。表是用来计时的，而有了这个东西，你就可以知道方位了。来，仔细看着。”

父亲拿起罗盘，晃了几下。尽管外边的银色小盒子摆动得很厉害，可是里面的针还是不动。其实，说得准确些，盒子一动，针也会随着微微颤动的，但它停止后，仍指向着一定的方位。

“就像这样，不管怎样摇动，磁针老是指着壁炉那个方向。这个磁针所指的方向就是北方了。”

“哇！好奇怪哦！”阿尔拔拿起磁针摇了一摇，注视着磁针的动向，然后抬起头来，喊了一声：“爸爸。”

“什么事呀？”

“磁针为什么会指向北方呢？”

“这是因为我们所住的地球里面，有一种磁力，这种磁力便将磁针引向北方了。”

“这种磁力到底是在地球的什么地方呢？”

“可以说，整个地球都有。”

阿尔拔很诧异地又看看磁针，默不作声地想着，然后躺在床上，不再开口了。看不见、听不到的神秘的力量——它就成为不可抗拒的法则，支配着这个世界呢！这是多么神秘呀！由于这种伟大的力量，我们的世界才能一分一秒也不差地活动着。

阿尔拔仍然闭着眼睛，一心一意地思考着。到底想着什么，他自己也不明白。不过，这是他有生以来第一次接触到宇宙的神秘之门。

阿尔拔就像追忆着甜蜜的梦境一般，从老远老远的地方，幻想着能引动那小针的力量。

“阿尔拔真是一个古怪的孩子。”从孩子的病房走了出来，希尔曼对他的妻子宝利妮说，“我想，他在病后一定是很无聊，便带了一个罗盘给他玩，哪知他看了后却默不作声地想着哩……”

“嘻嘻，他的老毛病又发作了。不过，我倒放心了。”

“这话怎么说？”

“可不是吗？这个孩子过了周岁还不会说话，好不容易学会了说话，又是那样的沉默寡言。我生怕会是个白痴呢。”

“哈哈，他不是白痴。不过，的确有一点古怪。他从来不跟别的孩子去做淘气的事……老是独个儿望着蝴蝶飞舞，或注视着花朵迎风摇摆……”

“真的啊……可是，也许这就是天才。说不定将来这个孩子会成为世界上最伟大的科学家呢！”

阿尔拔的母亲万没有想到她这句脱口而出的话会成为灵验的预言。父亲听了，张开大嘴，很高兴地笑着说：“哈哈，阿尔拔是天才？……是大科学家？……哈哈哈！”

德国南部巴伐利亚地区，在绿波荡漾的多瑙河上游，有一个叫作乌尔姆的小镇。那里是农产丰富的史瓦边地方的中心，也是一个有着悠久历史的古城。城里有一座六百年前建立的哥特式大教堂。它的尖塔有一百六十一米高，乌尔姆的市民都因它是德国的第一高塔而感到光荣。

一八七九年三月十四日，阿尔拔·爱因斯坦就诞生在乌尔姆镇的一个商人家里。

但是，阿尔拔一家人，在他出生后不到一年，就离开乌尔姆，搬到德国南部的大城慕尼黑去了。所以，阿尔拔对这个史瓦边的古城，一点儿印象也没有。到他懂事以后，他都是住在慕尼黑郊外，有大院子和很多树木围绕着的乡间房子里。

那是一个安宁幸福的家庭。父亲希尔曼是一个态度和蔼、喜欢帮助别人的好好先生。他和弟弟雅哥布共同经营的电器工厂，业务进展顺利，所以生活过得很丰裕。可是，希尔曼一点儿也没有“只管赚钱，不问其他”的那种市侩气。

母亲宝利妮是一个慈祥的人。阿尔拔两岁的时候，母亲又生了一个可爱的妹妹，取名为玛雅。

他家附近的郊外地带，有一片广大的绿野。阿尔拔常在这个草原上玩耍，并欣赏大自然的美景。有时候和牧场的小羊玩耍，有时候在晨雾弥漫的森林里，与小鸟儿唱歌游戏。

不久，表妹伊丽莎从意大利来和他们住在一起。因此，家里就更加热闹了。

“伊丽莎，意大利到底是怎么样的地方呢？”阿尔拔好奇地问道。

“是个好地方呀。那里不像慕尼黑这样藏在深山里面。那里有广阔的平原、灿烂的阳光、蓝天、白云，还有碧绿的海……”

“等一下，什么是海呢？”

“哦，阿尔拔还不知道海啊。海就是……很大很大的湖泊呀。”

“我知道啦！就像上次我们去过的斯波尔肯湖那样的吧？”

“哼，才不是那么小的咧。在那广大无边的大海上漂浮着好多船呢！”

“船我也知道。雅哥布叔叔很会划船啊。”

“才不是那种小船。是可以载几十人、几百人的大船呀。它能扬起白帆，在海上跑得很快呢。”

“真的啊！”

“听说，哥伦布就是坐那种大轮船发现美国的。”

“真有趣。我们也来试试看吧。”于是，阿尔拔便从父亲的工厂里搬出一个木箱来，结上一条绳子。

“我是船长。”坐上木箱的是妹妹玛雅。

“来，我们来拖吧！”阿尔拔和表妹伊丽莎，就在草地上拼命地拖着木箱。

“我怕，我怕，摇得这么厉害。”玛雅吓得大叫。

“别怕，我们的船遇到暴风雨了。”

小孩子是富于想象力的。木箱当船，草地当海……他们自以为是伟大的航海家。虽然如此，给阿尔拔的想象力加上翅膀的，要算是他的叔叔雅哥布。

“叔叔，代数是什么？”有一天，阿尔拔不知从哪儿听来“代

数”这个名词，就去问叔叔。

叔叔微笑着答道：“代数这个东西，可以说是个懒鬼的算术了。凡是不知道的东西，都把它叫作X，然后来找这个X。”

这是多么奇妙的游戏！这就是使阿尔拔跳进知识大海的跳板。阿尔拔从叔叔那儿学到了初步代数后，就一天到晚热衷于寻找X和Y了。

“这个孩子真怪。他似乎觉得数学比任何冒险小说都有趣。”叔叔也感到很意外。

阿尔拔从三个大人那儿，接受三种伟大的教养：父亲希尔曼教他如何欣赏文学，母亲宝利妮带他进入美丽的音乐世界，而替他打开科学的伟大殿堂之门的，就是叔叔雅哥布。文学、音乐和科学——这三样东西，就成为塑造阿尔拔·爱因斯坦伟大人格的三个支柱了。

犹太人之子

“爸爸，什么叫作犹太人啊？”有一天，从学校里放学回来，阿尔拔忙找父亲问道。

“犹太人？……我们家里的人都是犹太人呀。”

“哦，那么，我们不是德国人了？”

“不，我们是德国人。是不折不扣的德国人。不过，从血统上来说，我们是犹太人。”

“嗯。”

阿尔拔想了一会儿，又问道：“爸爸，听说犹太人的上帝和德国人的上帝是不同的吧？还有……耶稣是被犹太人杀害的吧？”

父亲用力地摇了摇头，说：“不对。上帝只有一个。没有所谓谁的上帝、哪一国的上帝。而且，将耶稣钉死在十字架的并不是犹太人，那是罗马的官吏。虽然背叛耶稣的是一个叫作犹大的犹太人……不过，耶稣也是犹太人呀。”

“哦，耶稣也是犹太人啊！”说着，不大爱说话的阿尔拔又沉默了。

爱因斯坦生为犹太人，这可以说是他一生的宿命。可是，说也奇怪，直到他六岁，上了小学以后，他才知道自己是一个犹太人。

提起犹太人，实际上可以把他们分为两类。居住在像柏林那种大城市里的犹太人，大都在城里设一个叫作犹太区的特别地区，住在那里的犹太人，都过着和外面全然不同的生活。他们认为，只有阿拉才是唯一的神，而只有犹太人才是经神选择的唯一的民族——所谓“上帝的选民”，其余的民族都是卑贱的异教徒。

在这类犹太人看来，柏林的市街就是外国，甚至于是敌国。他们只同犹太人交往，读犹太教的圣经，进犹太教的教堂，开办犹太人的小学。犹太区的皮鞋店只替犹太人做皮鞋；理发店只替犹太人理发。有很多人是至死不从犹太区走出一步的。

爱因斯坦虽然也是犹太人，但却不是这种犹太人，因为从他的祖先几代下来，长久都居住在史瓦边，所以，他们已经和那里的和蔼亲切的住民完全同化了。他们已经忘掉自己是犹太人，别人也毫不在意地与他们来往着。

因此，当阿尔拔到了上学年龄的时候，他并不是被送去犹太人的小学，而是一家天主教的小学。

在小学里，阿尔拔是唯一的犹太小孩。阿尔拔一进学校，立即被取了两个绰号：一个是“老实人”，另一个是“无聊伯伯”。因为他还是那样的不爱说话、孤独，当其他的孩子在游戏的时候，阿尔拔总是独个儿坐在校园一角，静静地想着，所以获得了这两个绰号。

当时的教育政策，一切都是“科目”万能。老师拼命地将规定得死板板的科目，灌进学生的脑里；学生们被逼得只好死背那些东西。学生如果背不好，老师手里的教鞭就要对他们不客气了。

因此，阿尔拔最大的乐趣，便是回家去念自己所喜欢的代数。他时常在纸上写些 X、Y 及 Z，把它们翻来覆去地演算，以求其数值。

当他能够顺利地求得答案的时候，他是多么的高兴！那时兴奋的心情，好像是他已经发现了宇宙的奥秘似的。

代数的功课做厌了，阿尔拔就靠近窗边，练习小提琴。他从六岁进小学那一年起，就跟老师学小提琴了。

小学时代像做梦一般的过去了。

只有一件事是值得一提的，那是他九岁时候的事。历史老师很详细地向他们讲耶稣受难的故事：耶稣的弟子犹大怎样的背叛他的老师，将耶稣出卖给当地的官吏。耶稣如何的背着十字架，走过石子路，和盗匪一起被钉死。

“大家看，这就是跟钉死耶稣的钉子同样的铁钉。”老师随手拿出一支很大的铁钉给大家看。

老师大概是在无意中这么讲的。但阿尔拔却感到那支大铁钉像是钉上他的胸膛似的。因为，老师的话一讲完，全班的视线都集中到唯一的犹太人阿尔拔身上了。阿尔拔感到很大的耻辱和愤慨。

“为什么！为什么！为什么这就是德国人的骄傲？固然，德国没有产生犹大，可是，另一方面，它也没有产生一个耶稣啊！”他在心里一直都这样吼叫着。

的确，犹大背叛他的老师是不对的。祖先当中出了这么一个卑鄙的人，这是犹太民族的耻辱；但是，如果因此而要鄙视犹太民族的话，世界上的人为什么不会因出了一个救世主耶稣，而更加尊敬犹太民族呢？这是阿尔拔想要说的话。

上士和中尉

“阿尔拔也成为中学生了。”父亲希尔曼笑容满面地说道。

“你看吧，他的制服穿得很合身呢！”母亲宝利妮也显得很高兴。

阿尔拔今年已经十岁，要上路易堡中学了。德国的中学是八年制的，中学毕业以后，就可以进大学了。

阿尔拔的帽子上头，有一个 G 字的帽徽，灿烂发亮。他们的制服是深蓝色的，很像陆军军官的制服。制服的领子上，有一条银线。银线是一年年增加的，四年以后，就改用金线，也是一年年增加金线的数目。进路易堡中学是当时慕尼黑的小学生所憧憬的。

路易堡中学集合了各地的优秀学生，那里可以说是进大学，然后在社会上担任领袖人物的一座桥梁。可是对阿尔拔来说，那也只不过是从叫作小学的“小兵营”，进入叫作中学的“更大的兵营”罢了。

不久阿尔拔便唉声叹气地说道：“如果说小学的老师是上士，那么，中学的老师便是中尉了。”

老师缓慢地、装模作样地，将那些难懂的拉丁文，一字一句地念下去。看到学生们像坟墓的石碑那般动也不动，他就感到心满意足了。然后，慢慢地，专心而不忘其威严地，开始挖他的鼻子。可是，学生们却笑也不敢笑。因为他们知道得很清楚，要是有任何无礼的举动，将会受到严厉的处罚。

阿尔拔不停地望着墙上那古老的钟，心里想着，这是世界上走得最慢的钟。日子一久，他就越发不爱说话，喜欢独个儿思索着。他的学习兴趣，渐渐从教室里移到校外及家庭里去了。

“阿尔拔，你知道这个定理吗？直角三角形斜边的平方，等于其他两边平方的和？”有一天，雅哥布叔叔这样问他。

“我不知道。”

“在直角三角形中，直角的对边（斜边）最长，这你知道吧？我们在三个边上，各做一个正方形。那么，在斜边上所做的正方形的面积，必会等于其余两个正方形面积的和。……这是毕达哥拉斯所发现的有名的定理。”

“哦！”阿尔拔惊叹了一声。然后，他便下了决心要去证明这个定理。

不懂，当然是不懂的。阿尔拔不过是一个十二岁的少年罢了！

但是，他思索着，反复地思索着。

他一心一意地想了三天，终于发现：从一垂线就能证明这个定理。当时他是多么的高兴哩！世界的大数学家在两千四百年前所发现的定理，现在竟由一个年仅十二岁的少年，独立加以证明了。

从此以后，阿尔拔便被几何学迷住了。到十四五岁时，由于自修律布森的教科书，他已经把当时在中学里还不曾教授的高等数学——解析几何、微积分等，完全学会了。

这可以说是他的天才初现。但阿尔拔自己还没有感觉到。随着在校外所得的真学问的增加，他对于在教室里面所学到的东西，也渐渐地产生疑问了。

阿尔拔的发问攻势，使老师们很尴尬，可是他并没有恶意。对阿尔拔来说，学问这个东西，真是充满了疑问。

“爱因斯坦，你来一下……”有一天，一位老师把他叫到教室外面去，“我们私下谈一谈……”

“是的。”

“你为什么老是要提出问题来麻烦我呢？你问的那些问题，会使老师感到困惑呀。”

“不过，老师，我是真的不懂嘛。我很想知道一些我不懂的事情。”

“不错，那是大家都想要知道的事。不过，除非是大学者……

不，不管多么伟大的学者，以现在的学术知识，是无法回答那些问题的。所以说，请你留意，以后不要再让老师下不了台啊。”

“是的。”

“至少，在教室里当着许多学生的面前，不要再提出那种问题。明白了吗？”

老师反复地叮咛了一番，然后才走开。阿尔拔茫然目送着老师的背影。

老师说得很对。宇宙充满了神秘的真相，人类还无法了解它。如何打开那神秘的门扉，这正是阿尔拔·爱因斯坦将来的工作。

为了这个目的，上帝遣来一位天才，他就是爱因斯坦。

少年的美梦

当时正是俾斯麦的全盛时代。

德国这个国家，曾从那阴郁的森林和宁静的湖泊中，产生了许多思想家、文豪及学者。因此，这个伟大民族的统一，并在欧洲的中原建设一个富强的国家，可以说是“历史的自然演进了”。

但是，俾斯麦完成新帝国的建设，并非求于民众或文化的力量，而是借助于“铁血政策”来完成的。当时的德国，正是军国主义最旺盛的时期。

在街上，人们可以看到雄赳赳气昂昂的骑兵队，响起咔咔的马蹄声，趾高气扬地走过去。年轻人看到了那种雄姿，心里都想着将来我也要做一个军人。少女们用憧憬的眼光，仰望着那灿然发亮的金色肩带。男孩子们每天都在做战争游戏。

上学对阿尔拔来说，仍然是一件很无聊的事情。找问题请教老师，是他唯一的乐趣，但自从被禁止发问以后，学校已经不再是他求学问的地方了。

在许多课程里面，只有一门能引起阿尔拔的兴趣，那是路易斯先生担任的课程。路易斯先生和别的“中尉阁下”完全不同，他常讲些有关德国古老文化的事情。

“诸位应该选择朋友，诸位最好的朋友，就是古典文学。以歌德为友吧，跟莎士比亚文游吧。他们能将地球上其他任何人所不能给予的珍贵财宝，随着高贵的友情，给予我们。”

路易斯先生的这些话，永久铭记在阿尔拔的心里。他之所以会爱好歌德、雪莱、雷新、海涅诸人的古典文学，主要是受到路易斯先生的影响。

那个时候，阿尔拔的家里有一个传统：每星期四的下午，都要招待清寒的犹太学生到家里来聚餐。那是从住在史瓦边时期一直传下来的惯例。

在那群学生里面，有一个从俄国来的犹太人，名字叫作马克斯·塔路米。他的年龄比阿尔拔大十一岁，每星期都来，因此，和阿尔拔很要好。

“阿尔拔，学校方面怎么样？”

“一点也不感兴趣。我不喜欢那些拉丁语和希腊语。”

“这也难怪。你的兴趣是在科学方面嘛。……对了，你读过贝伦修坦的《通俗科学大系》没有？”

“没有。”

“请你爸爸给你买一套吧。那真是了不起的书。”

经马克斯·塔路米的建议，阿尔拔买来了共有二十一册的《通俗科学大系》。

这套科学大系，是从地球的诞生开始谈起，谈到地下埋藏的矿物，地上长的植物，在这期间，有哪些动物生存着以及在一望无际的天空里，有哪些星球循着哪些轨道运行着。它详述着支配这个大宇宙的井然有序的法则，并有各种自然现象的精美插图。

“这就是我们所住的地球的真面目啊！”

只看那五彩十色的精美的插图，也足够使心怀大志的少年展开想象的翅膀了。可是，从那个时候起，爱因斯坦家的经济情况，一天不如一天了。

父亲本来是一个很乐观的人，但现在，他时常愁容满面的。雅哥布叔叔也很少说笑话了。

终于有一天，从意大利的米兰来了一封信。父亲看完了就说：

“阿尔拔，我经营的电器工厂，现在已不行了。我们再也不能维持这样一个大家庭了，我们已决定搬到米兰去。……我们要在意大利从头做起。”

母亲也从旁说道：“阿尔拔，因为你快要毕业了，你一个人留在慕尼黑继续你的学业吧。如果没有毕业证书，不管到什么地方都不能够上大学。”

这真是晴天霹雳！于是，父母亲、雅哥布叔叔、妹妹玛雅以及表妹伊丽莎等人，都搬到意大利去了。阿尔拔一个人住在慕尼黑的出租房子里。

离开慕尼黑

慕尼黑是位于伊萨尔河畔的美丽古都。街上有许多富有历史意义的天主教教堂和爬满藤蔓的古色古香的建筑物。在远处，可以看到头戴白雪的阿尔卑斯山的起伏峰峦。

这个被高山环绕着，海拔五百二十米的高原都市，唯一的缺点，就是气候的变化太大。昨天还是像春天般的暖和，今天竟忽然冷风刺骨。

送走父亲母亲到遥远的意大利，被遗留在租住的斗室里的阿尔拔，对于这种气候的变幻，也感到吃不消。

“爸爸妈妈现在不晓得怎么样了？”阿尔拔倚靠在窗边，眺望着飘飘落叶，不知不觉眼眶也湿润了。

阿尔拔身在故乡，却患上思乡病了。不，对阿尔拔来说，慕尼黑已不再是可爱的故乡了。

学校不过是一个“中尉阁下”所控制的军营罢了。如果想调剂身心去郊游，慕尼黑的周围尽是美丽的田野、森林和山谷，但是，旅行需要钱。图书馆的书库里，藏有一百五十万册的书籍，但那是他摸不到的。

慕尼黑是著名的啤酒产地。酒吧里有热闹的音乐和清凉的啤酒。但阿尔拔最讨厌喝酒。自从父母走后，慕尼黑已经没有什么可以安慰他的了。

“病？……也许我真的害病了？不，我宁愿病倒。”阿尔拔这样想着。

假如害病，就可以离开毫无乐趣的学校，到那阳光充足的意大利的父母膝下了。阿尔拔终于下了决心，去找医生。

“大夫，请你给我一张诊断书。”

“怎么啦？没有什么毛病嘛！”医生拿下听筒，诧异地问道。

“不，我是有病的。一定是神经衰弱。”

“哈哈，这就妙了……患者竟替医生说出病症！”

“关于自己身体的事，我想本人知道得最清楚。我一定是神经衰弱，所以我要离开学校，到意大利的双亲那里。”

这位爽朗的医生，又哈哈大笑了：“知道了，知道了！我年轻的时候也有过，这叫作数学恐怖症。谁都会这么想：与其为了数学这种麻烦的学问而活受罪，不如退学的好。”

“不是的。我是最喜欢数学的。……不过，我很讨厌学校。开口闭口都是规则，不教真学问，只会灌输科目。再不离开这种学校，我真的会病倒。”阿尔拔终于说出真心话了。

“嗯，原来如此。”

平时不爱说话的阿尔拔，今天却很热心地诉说着。医生听了想了半天。

“我知道了，你只想退学是不是？你等一下。”医生坐在桌子前面，写好一张诊断书。

“阿尔拔·爱因斯坦诊断结果，患有严重神经衰弱症，不堪继续学业，应返父母处静养。特此证明。”

“怎么样？这样行吗？”

“是，谢谢您。”

阿尔拔接过诊断书，行了一个礼，就像野兔般的开步跑了。忽然后面传来医生的声音：

“喂，等一下！”

“啊？”阿尔拔回过头来。

“你不能跑啊。你红着脸跑去找校长，那怎么可以呢？你应该摇摇摆摆的，装着痛苦的表情去。因为你是一个重病患者呀。哈哈！”医生边说边笑着。

阿尔拔向学校提出退学申请书，并附上了诊断书。过了两三天，导师喊他去。他心里害怕着也许会挨骂。到了办公室，导师问道：“你要退学是不是？”

“是的。”

“那也好。我想这样也许好些。由于你提出退学申请书，学校方面省掉许多麻烦了。”真是一句意味深长的话。

“那么，您是说，我有什么过失？”

“不是过失。不过，你在学校，就会影响学生们对老师的尊敬心啊。”

对于这点，阿尔拔无话可说。

数学老师从旁说道：“稍微等一下。你没有毕业证书，恐怕不能上大学吧。这一张也许对你有点用处。”

说着，他开了一张证明书，上面写道：“爱因斯坦的数学程度，超过大学生。”阿尔拔领谢了他的好意，回到家里收拾行李，把一些零碎的东西，装进皮箱里。

“呜——”的一声，火车开动了。如今，慕尼黑对他来说已经没有什么值得留恋的了。

穿过黑暗的隧道，火车冒着黑烟，一路南下。那是一个遥远的旅程，但他一点儿也不感到寂寞。火车多跑一个钟头，就距离那讨厌的慕尼黑越远，而越接近父母所住的那充满阳光的米兰了。

在米兰的生活

当阿尔拔手里提着一个皮箱，回到家门的时候，母亲“呀！”的惊叫了一声。她的眼里充满了泪水。不管是为什么回来，能和许久不见的爱子重逢，总是一件值得高兴的事。

阿尔拔小心地说明经过的情形。无论如何，对他来说，除此以外没有别的办法了。他已下定决心，不管被责骂得多么厉害，绝不还嘴。

但是，他所惧怕的事情并没有发生。听完了他的说明，父亲笑着说：“哈哈，所以你就逃出学校啦？”

“算了吧。这样一家人又可团聚了。今天晚上我们来举行欢迎阿尔拔的音乐会吧。”雅哥布叔叔这么说。

“赞成，赞成！”妹妹玛雅和表妹伊丽莎也很高兴。

“我们开始吧。”大家用完晚餐，吃了又香又甜的南国的水果，父亲希尔曼便邀同雅哥布叔叔站起来。两人小声地商量着。

“你们要表演什么节目呢？”

“等着瞧吧。玛雅，你来伴奏。”

两人手挽手开始唱着，是他们年轻时候在史瓦边流行的民谣。唱完了歌，两个人手拉手向大家行了一个礼，于是掌声四起。

“下面一个节目是妈妈的钢琴独奏。”

这是那晚的压轴节目，妈妈弹的是最拿手的贝多芬的曲子。

“我来演奏修伯特的曲子。”阿尔拔站起来，拿起小提琴。从优美的弦音里，流露出无限的乡愁……他的眼眶湿润了，庆幸自己回到亲爱的父母膝下。

米兰是位于阿尔卑斯山底下，伦巴第平原中央的古城。阿尔拔因慕尼黑高原地带那严寒的气候而紧张的肌肉，在这南国暖和的阳光下，似乎又松弛下来。

意大利是歌唱、绘画和雕刻之国。在米兰的街上可以看到每一个建筑物都雕刻着栩栩如生的各种各样的动物、天使。街道上很宁静，来往的路人都显得很悠闲愉快的样子。这情景和德国的军国主义比较，实在太不相同了。

“哦，多么自由！……我向往的就是这种环境呀。”

阿尔拔带着简便的行李，出去旅行了。波河和奥罗那河沿岸的平原，风景宜人，并且到处都长着美丽的白杨树。越过亚平宁山脉，到热那亚海港。

海！向往已久的海！蓝色的海、蓝色的天空、白云……那正

是小时候听了伊丽莎的话后，在心中想象着的情景。港口里聚集了很多船只，还有在其间穿梭来往的小船……不知从哪里传来悠扬的歌声。

“哦，多么幸福……我已经不在德国了。”

从那一天起，阿尔拔便放弃了德国的国籍。

蓬松的黑头发，晶莹的棕色眼睛……看到这个可爱的少年，也许很多人都会误以为是意大利的小孩哩。不过，因为阿尔拔还年轻，还不能取得意大利的国籍，因此，直到他成年取得瑞士国籍以前，这段时间他是不属于任何一国的无国籍的人。

六个月的时间，如梦一般的过去了。但他不能老是游手好闲地过日子。

“将来我要做什么呢？”他也面临着所有少年都要考虑到的问题了。

“要是我的电器工厂能顺利地经营下去，那是多么好啊。你喜欢做的事，我都可以让你随心所欲地去做。唉，哪知道这么不景气……你也应该考虑考虑自己的前途了。”父亲希尔曼说。

可是，说到谋生的方法，一个毫无经验的十六岁的小孩，他能做些什么呢？他的志趣是科学。但研究科学就必须进大学。想进大学，那就需要有中学毕业的资格。

“也许我太性急啦？也许我应该在慕尼黑再忍耐一段时间才对。”

他有点后悔了。不过，想来想去，无论如何他不愿意再回到原来那个学校去。

这时，他忽然想起数学老师写给他的证明。

“对了，我要去读苏黎世的理工大学。”

在瑞士境内，苏黎世的理工大学，有三方面适合阿尔拔的理想：

第一，它不在那讨厌的德国境内。第二，就理科和工科来说，它是欧洲著名的大学。第三，在那里攻读电机工程，将来做一个技术人员，可以协助父亲的事业。

于是，十六岁的阿尔拔·爱因斯坦便怀着雄心，前往瑞士了。

令人怀念的小镇

“中学的毕业证书呢？”爱因斯坦兴高采烈地把入学申请书送到大学去，报名处的人却冷淡地这么问道。

爱因斯坦愣了一下，才讷讷地说：“毕业证书……我没有呀……”

说着，他拿出那张数学老师的证明书。结果被宣布无效。

“你应该参加入学考试。”

爱因斯坦便参加入学考试。结果怎么样呢？这位未来的大科学家，竟在理工大学的入学考试中落第了。数学考得很好，但语言学却考得一团糟。另外，动物学和植物学的成绩，也差了些。

“果然是不行啊！”爱因斯坦感到前途茫茫，正想走出校门。听到有人在背后叫他：“校长请你来一下。”

爱因斯坦心里觉得奇怪，到校长室一看，那位叫作赫尔泽克的校长，坐在那里等他。校长满脸都是胡须，眼光很柔和。

“你叫爱因斯坦吧？你好像很喜欢数学的样子。”

“是的，没有上小学以前就喜欢它了。”

“嗯，我看过你的考卷。教授们也说，埋没这样有天分的人，真太可惜了。爱因斯坦同学……”

“是的。”

“此后假如不进学校，用自修方法读语言学和动植物学，那是不容易的。我给你介绍一所县立中学，你在那里再读一年怎么样？一年以后，我让你免试进这个大学。”

一听到中学，爱因斯坦吓了一跳。因为他想起慕尼黑那种军营般的学校生活。但由于校长的好意劝勉，便下决心再忍耐一年，按照校长的指示去做。

那所中学是在一个叫作亚罗的小镇上。阿尔拔到学校一看，感到很意外，这里并没有慕尼黑那样的军队色彩，是一所学生可以自由读书的“乐园”呢。

值得高兴的是，这里的教室和大学一样，各种课程都有特别的教室。化学教室里有各种各样的实验器具；地理教室里或摆或挂着很多地形的模型和地图；动植物的教室里，除了许多标本以外，还有观察微生物用的显微镜。到学校图书馆去，馆员便会为你找出你所需要的参考书，还会很亲切地说：“好好儿读吧。”

阿尔拔来到亚罗，才体会到学校生活的乐趣。

“爱因斯坦同学，今天晚上到我家来玩吧，我请你吃晚饭。

我家里有七个孩子，你跟他们很快就会成为好朋友的。”入学不久，温德勒教授就这样邀请他。

饭桌上的热闹气氛，愉快的欢笑声……使他回忆起在慕尼黑的时代，那时候爱因斯坦家境还很富裕，一家人也像这样的快乐。

“你干脆搬到我家来住吧。像你这种性格的孩子，不适于住在孤独的环境里。”

“好的，谢谢您。”

爱因斯坦衷心感谢教授的好意。虽然他只在温德勒教授家住了一学期，从此以后，他终生维持着与这一家庭的友谊。教授有一个和爱因斯坦年龄相近的儿子，他后来和爱因斯坦的妹妹玛雅结婚了。

那是好久没有享受到的幸福日子。有时候，老教授夫妇和孩子们全家到郊外去游山玩水，也请他一块儿去。

“喔，多么快乐啊！”爱因斯坦深深地呼吸着山中清爽的空气。

瑞士的山和溪谷，戴雪的白峰，绿色的山丘，谷底深处的潺潺流水，像情人的眼睛那般清澄的湖水，散落山腰的瀑布飞沫，松林和冰河……有时候仰望着断崖上面的羊群，有时候看看田里的农夫，其乐无穷。

到亚罗以后，爱因斯坦的学业进步得很快。尤其是物理学——能解开宇宙奥秘的神奇学问——与数学，紧紧地扣住了爱因

斯坦的心。

一年之后，他修完了全部课程。按照以前的约定，他被允许免试升入苏黎世的理工大学了。

离开亚罗那一天，爱因斯坦依依不舍地和温德勒一家人告别。

“阿尔拔，请你保重身体。”

“放假的时候来玩吧。”

阿尔拔爱抚着缠绕在周围的孩子们，勉强说些笑话，来忘掉悲戚的离情。

紧张的大学生活

虽然相隔只有一年半的时间，取得大学入学资格回来的阿尔拔，显得更有大人气概了。身体发胖，脸色红润，也长了些胡须。

“爸爸、妈妈，我要走了。我现在已经是一个大学生了呀。”暑假结束以后，阿尔拔精神饱满地又到瑞士去了。

苏黎世是建在利马托河两岸的美丽城市。新市区里都是形形色色的现代建筑物，但一走进建筑在起伏如波浪的山丘上的住宅区，就可看到在狭窄的道路两旁，爬满藤蔓的古色古香的高大楼房。市区的东南有苏黎世湖，在微波荡漾的湖上，扬着白帆的快艇疾驰而过，雪白的水鸟，在空中盘旋飞翔着。

“我终于找到归宿了！”年轻的阿尔拔满怀着希望，进了校门。

阿尔拔本来是要遵从父母的意思，选修电机工程的，后来觉得它不合自己的兴趣，所以改读物理学。无论念哪一门，在理工大学毕业以后，就和其他大学一样，可以取得教员的资格了。

在物理学系，有一位著名的韦伯教授。韦伯是这里的数学、物理学系的创办人，曾经在德国担任威德曼和赫伦豪滋等名学者的助手，对热传导及其他方面，有独到的研究。

数学方面，有胡威克、明考夫斯基等名教授。明考夫斯基是俄国人，当时还只是一个青年新进学者，但因其独创性的见解而崭露头角。后来将爱因斯坦的相对论从数学上予以推论演算，使世人惊叹不已的，就是这位教授。不过，阿尔拔对于明考夫斯基的讲课，并不太专心听。因为他的兴趣，已经渐渐地从数学转移到物理学了。

“爱因斯坦这个学生，最近很少到班上听课和参加讨论了。”

“是啊，不晓得是什么原因。他真是一个优秀的学生，尤其对数学很有天赋。”

“他好像一个人默默地在做研究，不想请教别人，愿意独自研究、发现，他就是这样的学生。像他这样的人，不要管束太严，让他自由地发展，反而进步得快。”

在教授休息室里，大家偶尔会谈到他的事情。

同学间最亲近他的，是一个叫作马歇尔·格罗斯曼的男孩。这个人后来担任理工大学的数学教授，对爱因斯坦一般相对论的发展，也是合作者之一。

“喂，阿尔拔，你至少也应该参加明考夫斯基教授主持的讨论会呀。那对我们很有益处的。”格罗斯曼一再地劝他。

“嗯……不过，算了吧。我正忙着呢。”

“你在中学的时候，不是被老师认为是数学的天才吗？你不发挥你的天资，未免太可惜了。”

“不，现在只有物理学才能引起我的兴趣。物理学以外的，都装不进脑子里了。”

“不，你想错了，要开拓未来的物理学，最需要的是数学呀。离开数学的物理学，我真无法想象。”

“关于这点，我同意你的看法。不过，作为物理学基础所需要的数学，我自信已够程度了。……马歇尔！”

“什么事？”

“是有关海姆教授的地质学……请你把那本笔记簿借我看一下吧。考期快到了。”

“什么？你连那么有名的课也没有去听呀？即使爱睡懒觉的人，早晨七点的课，大家总是想办法去听的呢！”

“嗯，的确讲得很好，那是本大学的光荣。不过，还是不能和我所喜爱的物理学相比呀。”

“你是这种看法吗？当然，笔记簿是会借给你的……”

“谢谢，你的笔记簿整理得真好。与其花时间去听课，不如看你的笔记簿来得明了。”

“哈哈，别拍马屁了。”

“是真的呀。……那么，拜托你了。”

爱因斯坦就是如此的牺牲其他课程，贯注全部精力于物理学一门。

牛顿的殿堂

“哦，这是多么伟大的学术殿堂呀。”阿尔拔叹了一口气。

的确，由牛顿创设的物理学的理论，在两百年的时间里，没有过丝毫动摇，一直是所有科学家的基础。牛顿的理论说来很简单，那是“质量”和“力量”有着相互的关系，并用两个定律说明其关系：

“一切物体，除非加以外来的力量，则静止者永远保持其静止状态，运动者永远继续其同方向、同速度的运动状态。”这就是“惯性定律”。

“物体受外力作用时，其动量的变化，与物体质量的大小无关，与外力的大小及作用时间成正比；且变化的方向，同外力的方向。物体受外力作用时，则必生一种与外力相等、方向相反的力，即反作用力。”这就是“反作用定律”。

过去的物理学，是以牛顿的运动定律为基础而发展的。依据这位伟大的科学家于一六八七年发表的原理，已能说明地球、月球和星球的运行，瓦斯的作用也明了了，热的性质也弄明白了。于是物理学便有了长足的进步，成为各种科学和工程学的基础。

“一切现象，都可以用牛顿的法则来说明。”在这种确信之下，建筑了现代的物质文明，而且，实际上也没有因此而发生过差错。

可是，现在严重的问题来了，那就是“光”。光和音一样，也是一种“波”，这是早就知道的。点燃蜡烛，光便像波一样的传遍室内，刺激我们的眼睛，于是我们就能感觉到光。这正如一打鼓，声音便成为波而在空气中传播，刺激我们的耳朵，使我们能听到声音，是同样的道理。

不过，光的速度比音的速度快得多了。在真空中，光的速度是每秒三十万公里。如此相同的速度，循着赤道环绕地球的表面，那么，一秒钟便能环绕地球七圈半了。

光和音既然都是波，那么，运送这个波的“东西”，到底是什么呢？传播地震波的，是大地。向池塘丢下石头，就有轮状的波纹由中间向四周散开，传开这些波纹的，是水。音波是由空气传播的。那么，光波是由什么传播的呢？

假如没有这个“某些东西”，在宇宙极远地方的星球的光波，便无法传到地球上来。于是物理学者想出了“以太”这个东西。在一望无际的宇宙里，充满着“以太”。他们说明：光就是由这种“以太”传播的波。

这是相当牵强的说明。因为，假定说光就是“以太”的波，那么“以太”不可能是液体或气体，而是固体，且像是铜铁般那样坚固并有弹性的固体，否则就无法说明那速度极快的光所引起的各种现象。由于不能获得充分证明，只好假定“以太”就是具有这种性质的。可是，这种说法已经行不通了。

“老兄，现在我对于‘以太’的存在，开始怀疑了。”有一天，爱因斯坦这样对格罗斯曼说。

“为什么呢？”格罗斯曼惊奇地反问他。

“假定在宇宙间充满着‘以太’，当地球在运行的时候，‘以太’不可能是随着地球同时运行的。我们只能想象，‘以太’是静止的。”

“那当然喽。”

“那么，我们所住的地球，就像是一条船，航行于充满着‘以太’波的宇宙里了。只是，‘以太’这个东西，既看不见又没有重量，所以我们感觉不到罢了。”

“是啊，那又怎么样？”

“假如在绝对静止的‘以太’的海上，产生光波，则从地球这个运行中的船所看到的光波，多多少少总应该有曲折才对。”

“你说得很有道理。不过，光波的速度是每秒三十万公里，这和地球运行的速度相差太大了，所以不把它当作一回事吧。”

“向来就是用这种解释来骗人的。但是，测量光线的仪器愈来愈精密，现在连极细微的误差也能测出来了。你知道美国芝加

哥大学麦克逊博士所做的实验吧？”

“嗯，是一八八七年和莫莱共同做的实验吗？”

“是的。那次实验做得非常正确，据说，芝加哥全市的交通工具都暂时停止，静候实验。结果，不管东西南北哪一个方向，光都是以相同的速度传播，毫无预期的速度变化的现象。由那一次实验的结果，‘以太’的存在，事实上已被否定了。”爱因斯坦加重语气地说。

“不过，假如说‘以太’的确不存在，那么问题就严重了。我们一直都相信：宇宙里其他的一切都在运行，只有‘以太’是绝对静止的。换句话说，对于那不运行的‘以太’，地球是在做‘绝对运动’，如果没有‘以太’，也就没有所谓的‘绝对运动’了。”格罗斯曼说道。

“是的，那不只是‘绝对运动’，连绝对空间、绝对时间这一切，也都要被否定了。牛顿物理学也全部都要垮台了。因为不敢面对这个事实，所以在麦克逊的实验结果发表之后，全世界的物理学者又搬出各种假设，想尽方法要‘拯救以太’。

可是在我看来，那些理论都是骗人的。‘以太’已经无可救药。世界物理学大革命的时机已经来临了，牛顿物理已经破产了。从此以后，应该建设新的物理学了。”

“新的物理学？……那是什么呢？”格罗斯曼紧张地问道。

“我也不知道。我只知道现在需要某些新的学问了。”爱因斯坦答道。

门还没打开。不过那时他已经走到相对论的门口了。

知心好友

在苏黎世，阿尔拔认识了一个女同学，她是匈牙利人，名字叫米立琶·马利区。这位小姐虽然出生在匈牙利，但讲的却是塞尔维亚语，信仰的宗教是希腊正教。他们是在数学教室认识的。数学——他们同好的学科——使两人更加接近了。米立琶是一个优秀的学生，对数学和物理学都很有心得。

“她所提的问题都很切实。”

阿尔拔对她的学识，不止一次地表示赞佩。渐渐地，两人常在一起读书，以至意气相投，他们之间的友情也转变为爱情了。后来两人约定，等将来能自立时便结婚。

阿尔拔另外一个要好的同学，是奥地利来的菲列德立希·亚德勒。亚德勒的父亲维多，是维也纳著名的政治家，而这位少爷却到苏黎世来攻读物理学。这位金发热情的青年，有一对敏锐的蓝色眼睛，凸出的前额，象征他的智慧超群。

阿尔拔很快地跟这个优秀青年混熟了。自从认识亚德勒以后，对世事漠不关心的他才对政治问题稍感兴趣。

“如何维持世界和平？”这是他们两人经常的话题。

“用武力实现自己的主张，那是野蛮的做法。‘武力就是正义’这种观念是要不得的。”亚德勒很激动地说。

“当然！不过，什么是正义呢？那是由谁来决定的呢？”爱因斯坦反问一句。

“那是人类的良心，是世界的舆论。”

“那就需要有一个综合世界舆论的组织了。难道要等到发生了纠纷，才由全世界的人民来投票决定吗？”

“嗯，我也考虑过这个问题……很久以前便有国际仲裁的概念，但始终没能顺利推行。因为它没有执行判决的权威。我认为应再进一步，组成世界各国联合团体。而且，应该有一支国际警察部队才行。凡是不服从国际裁判的国家，就动员国际警察部队来加以制裁。只有这样，才能制止各国滥用武力。”

“照你说，你还是主张用武力维持和平的了？”

“是的。当然我是不喜欢战争。可是，除此以外，如果没有更好的方法，那就只好这么做了。为了维护正义，就应该尽最大的力量。”

诸如此类的话题，两人有时会连续谈论两三个钟头。不过，四年的大学生活，对阿尔拔来说，绝对不是轻松的。因为父亲事业失败，自然无法寄钱。好在有一位住在德国的有钱亲戚，每个月都寄来一百法郎，阿尔拔便用这笔钱来维持生活。

他希望在大学毕业以前，能设法取得瑞士的国籍，所以每个月都积蓄二十法郎，以便作为手续费。用剩余的八十法郎应付一切生活费用，虽然是在物价便宜的时代，也是相当艰苦的。为了弥补生活费用，阿尔拔常替低年级的学生补习功课，可是那些学生大都很穷。

“这个月我只有这么多钱……”学生不好意思地说。

“不要紧，困难的时候大家都是一样，我会继续教你的。”阿尔拔总是这样回答，他是一个好心人。

他住在一间小房间里。小屋里只有一扇小窗户。

只吃一杯牛奶一片面包，挨过一天，这是常有的事。因此，阿尔拔对于褴褛的衣服，开口的破鞋，就更不在乎了。

虽然过的是这么穷困的生活，但阿尔拔是幸福的。肚子虽然经常空空如也，所探求的学问却越来越充实了。他在大学的四年时间里，认识了可以谈心的朋友，认识了了解他的老师，并且获得了未来的妻子。

一九〇〇年，他们毕业的日子到了。同学们都显得兴高采烈的样子，但阿尔拔不晓得到底应该高兴，还是应该悲伤。在这四年的时间里，他倾注全部精力从事科学研究，从未想到出路问题，也没有预先找过职业。

“以后你打算到哪儿去？”一位年轻的教授把手放在他肩上问道。

“我喜欢瑞士。最好能留在苏黎世找一份工作。”

“你打算做什么工作呢？”

“我希望当教员。”阿尔拔毫不犹豫地回答。

从专利局到大学

CONG ZHUANLIJU DAO DAXUE

爱因斯坦说：『如果想成为真正的学者，就去当鞋匠吧！』

丧家之犬

“从今天起我能自立了，不必再依靠亲戚的接济了。”已经二十一岁的爱因斯坦，心中这样想着，挺起胸膛，走出校门，立即开始找教员的工作。

但是一离开大学，向来很亲切的苏黎世这个城市，忽然变得很冷淡，理都不理他了。他找工作找得很困难。他不晓得这是什么原因。其他成绩差的学生，都陆续地找到工作，但他却不能觅得一个栖身之所。

“毕业以后，你最好留在本校当助教。那是升任教授地位最快的途径。”在学校的时候，教授们都这么说。

但毕业以后，他再回到母校去找那些教授，他们却含糊其辞，没给他一个肯定的答复。也有好心的教授替他写介绍信，但他到中学去接洽，却都莫名其妙地吹了。

到底是怎么一回事呢？他的外貌和蔼，知识丰富，待人亲切。

他的衣着固然差些，但只要有固定的收入，服装方面很快就可以达到一般的水准。

到底是什么事情阻碍他的就业呢？渐渐地，阿尔拔终于明白这个原因了——错就错在他一生下来就承受着犹太人的血统。

“你取得瑞士的国籍没有？要就公职，这是起码的条件。”教授问他。

“我已经取得瑞士国籍了。”

他还在学校的时候，曾经节省有限的学费，积蓄一笔钱，取得了瑞士国籍。但这样是不够的。他称这种人为“纸上的瑞士人”。在书面上或户籍上虽然也是瑞士人，但在实际上是不相同的。

“一旦有了竞争，正式公民总是享有优先权。”有的教授这样坦白地告诉他。

一文不名的爱因斯坦为了找工作，不得不饿着肚皮在苏黎世的街头徘徊，这段时间长达六个月之久。

“不管什么工作，只要能够生活下去就好了……唉，难道只因为我是一个犹太人，就非得饿死不可吗？”他悲愤着、叹息着。

有一天，他在报上看到一则广告：苏黎世附近温德道地方的一所职业学校，征聘代用教员。他立即去应征，说也奇怪，竟被录用了。此间虽然只有六个月，生活问题总算暂时得到了解决。

那一天，他生平第一次上讲台，推开教室的门一看，吓了一跳！教室里的学生，个个都比自己高大。

这个职业学校设立在工厂区，所以学生大都是年轻的工人。当这些老油条学生看到这位刚从大学毕业，一副寒酸相的老师后，便决意要开这位“小老师”的玩笑，一直到正式教授到任为止。

爱因斯坦走到教室的中央，泰然地打招呼：“各位，早安。”但学生们却一声不响。

他拿起一根粉笔，站到黑板面前。先看了学生一眼，然后在黑板上画简单的图形，开始说明。不知不觉中，教室里面嘈杂的声音没有了，脚底擦地板的声音也停了。他继续在黑板上画些复杂的图形，很热心地说明着。学生们都坐好姿势，侧耳倾听，唯恐听漏了他的任何一句话似的。

他胜利了。他那蕴藏在朴素的衣着里面的学问以及诚挚的性格，感动了全体学生。如今，从工厂来的工人们，每天都期待着上代用教员的课了。六个月之后，来了一位正式教授，当爱因斯坦要离开这个小镇时，大家都依依不舍地送他至郊外。

此后，爱因斯坦找到了另一个工作，那是在休豪森镇上一个学生宿舍当家庭教师。管理这个学生宿舍的老师，请他辅导两个少年。

休豪森位于莱茵河畔，它靠近德国的边境，镇上有著名的瀑布。

爱因斯坦在这里的生活过得很愉快，两个少年都很听从他，他也很想对他们实施他理想中的自由教育。

但是，尽管爱因斯坦一心一意地要让他们自由发展个性，别

的老师总是从中破坏。爱因斯坦忍耐不住，终于提出抗议了：“那两个少年的教育，全部由我来负责吧。希望你们不要从旁干涉。”

监督宿舍的老师听到这番话，生了很大的气，认为爱因斯坦太傲慢了。于是，他被辞退了。

专利局的小职员

再度回到苏黎世的爱因斯坦，又不得不到处找工作了。这一段时间，也许可算是他一生中最黑暗的日子。大学毕业已经两年，却还没有找到固定的工作。饥饿已迫在眼前，穿的衣服也已经破烂不堪了。

有一天，大学时代的朋友格罗斯曼，突然来看爱因斯坦，并问道：“阿尔拔，你的工作找到了没有？”

“没有。到处都碰钉子，我已经感到心灰意冷了。”

“若工作地点在伯恩，你也愿意去吗？”

“不管什么地方都可以，乡下也不要紧。”

“那么，我有一个好主意。我父亲和伯恩专利局局长很要好……我想请他替你写一封介绍信。”

“谢谢，那就拜托你了。说实话，我已经山穷水尽了。”

于是，爱因斯坦收拾行李，前往瑞士的首都伯恩了。

一路上，爱因斯坦的心里很是不安。因为在这以前，他有过几十次痛苦的经验。

“不晓得会不会雇用我？……会不会又因为我是犹太人而断然拒绝我呢？穿着这样破烂的衣服，对方看了会不会有恶劣的印象？”

一切担忧都是多余的，哈拉局长一开始便说明专利局的工作：

“假如有人发明了一样东西，那个人便会把它送来。专利局主要的工作，就是审查它能不能按照设计进行，是不是模仿或偷窃他人的发明。

“还有一件事，他们所提出的申请书里面，有很多是不合法律上的程序的。发明家虽然有发明的才能，但很多人都不能好好地将它做成图案或书面的说明。在这种情形下，我们就应替发明家服务，将它修改成法律上有效的文件，以便保护发明的权利。

“我们的工作内容，大概是如此，你愿意屈就吗？”

爱因斯坦觉得这些工作并不怎么难，就用谦虚的态度回答道：“我想我会的。”

然后，局长又问了一些爱因斯坦的学历、经历。知道了他是专攻物理学，而不是学工程之后，稍微显露失望的表情，但又接着说：“不要紧。即使是没有经验，只要有你这样的科学知识，很快便可以学会你的工作了。不过，还有一件重要的事……”

阿尔拔愣了一下，以为又有麻烦了。

“你有瑞士的国籍吧？因为这里是瑞士的政府机关。”

“是的，我有瑞士的国籍。”爱因斯坦答道。当他还在求学的时候，省吃俭用而获得的瑞士国籍，终于派上用场了。

“好吧，你被录用了。”局长说。

那真是幸福的日子，大学毕业后经过了两年，才算找到了一份固定的职业。他已不需要在苏黎世的街道上徘徊了。薪水虽然不多，但总比中学教员好些。

于是，爱因斯坦搬到首都伯恩，就任专利局的新职位。那是一九〇二年秋天的事。

正如局长所说，他很快就学会了工作。对于爱因斯坦来说，那些工作太容易了。别人要花一天时间才能完成的工作，他不到三个钟头便做好了。他把剩下来的时间，用来研究物理学。

可是，并不是可以随便这样做的。当他听到局长的脚步声走近的时候，便匆匆忙忙地把演算数学的纸张和图样等，收进抽屉里面，假装他正在认真地办公。

你也许会以为：像爱因斯坦这样伟大的天才，为了当个机关的小职员，而被那些无聊的琐事占去时间，一定会感到很不满，但事实正好相反，他很喜爱专利局的工作，做得相当起劲哩。

“如果想成为真正的学者，就去当鞋匠吧。”这一直是爱因斯坦所持的见解。

对他来说，科学与宗教同样是神圣的。他认为：利用宗教作

为升官或夺取权力的工具，是冒犯上帝的行为。同样的，以科学作为获得衣食的手段，也是亵渎了科学的神圣。因此，如想真正从事科学研究，就应该一面去当鞋匠，以获得生活的保障，另一方面以自由的时间，从事研究。所以，他对在专利局的“鞋匠工作”，是颇为满足的。

“以机关的工作作为本职的人，有闲暇的时候也是在下棋、打牌等等，做调剂身心的消遣。我的本职是科学家，当我研究疲倦的时候，我就做专利局的工作，这可以说是很适当的休息。”他曾对亲近的朋友这样说过。

爱因斯坦进专利局几个月以后，米立琶到他这里来了，他们很快地举行了结婚典礼。不久米立琶生下了一个男孩，爱因斯坦也给他取了“阿尔拔”这个名字。

当时的伯恩市民，常常看到留着蓬松的头发，看来不像是一位学者，而像是艺术家的青年爱因斯坦，若有所思地推着娃娃车在街上走。

这样过了三年，在这段时间里，他那伟大的理论渐渐地成熟了。

新理论的产生

在专利局服务的这段时间，爱因斯坦总是尽可能地不交朋友。他绝不是孤僻的人，他对人和善、体贴，虽然不爱多说话，却很得人缘，与同事相处得很好。只是他的个性使他不喜欢社交应酬罢了。

当时他最要好的一个朋友，是专利局的一位青年技师，叫作贝索。贝索是在苏黎世的时候就和爱因斯坦认识的，他是一位头脑精明，有着多方面才能的人。他不但对工程学、物理学方面很有研究，就是对于社会、人生等问题，也很感兴趣，并且抱有正确的见解。

此外，和爱因斯坦要好的朋友，就是出生在罗马尼亚的学生摩利斯·索路敏及青年数学家康拉德·哈比特，后者后来获得柏林大学的博士学位，曾在休豪森教书。

这些人常聚集在爱因斯坦那间小公寓里，谈论科学和哲学的问题。兴之所至，他们讲话的声音便越来越大。

“请你们安静一点吧，已经过十二点了。”常常是邻室的住客提出抗议，他们才发觉时间已经不早了。

令人惊奇的是，虽然成为那样伟大的科学家，但爱因斯坦却从没有自己动手做过实验。他的新知识，都是从其他科学家的实验报告得来的。实验报告都是公开的，科学家都可以找来读。然而，为什么在专利局的办公桌上偷偷摸摸地研读的爱因斯坦，能从那里面寻找出伟大的真理来呢？这是由于他具有丰富的想象力的缘故。

但是爱因斯坦并不仅仅是看书和思考，他勤勉地读书，并且用脑筋去想，当他有了心得的时候，便立即告诉朋友们。然后大家热烈地讨论研究，从研讨中找出漏洞，由于发现另一新观念，如此渐渐地将这个观念扩大并且加深。

他那少数的亲友，就是担任着这种研究讨论的工作。但不晓得为什么，最近爱因斯坦却不常和这些朋友见面了。

很显然，他的研究工作碰到最后的难关了。如以登山做比喻，他已经爬到八分高，正是最艰险的一段。如果能突破这一关，便能豁然开朗。但现在却犹如坠入五里雾中，看不清目标。要是意志薄弱的人碰到这种情形，就不敢再往前走了。

一个晴朗的早晨，爱因斯坦拍着贝索的肩膀，欢呼道：“喂，我终于发现了！”

贝索看见爱因斯坦这样的兴奋，不需要问到底发现了什么东西，就知道一定是指物理学上的发现。但是贝索仍是疑信参半的样子，因为这种情形，在过去已经遇到过好多次了。

他常常满怀兴奋地说："告诉你一个好消息，已经有眉目了，成功就在眼前了。"但第二天却垂头丧气地说："不行了！过去所做的全都错了。现在已经证明，这个研究的出发点是错误的。"

不过，这一次不同了。大概是由于长期的苦闷而过度疲劳，爱因斯坦虽然显得消瘦一些，但眼神还是炯炯有力，充满了胜利的光辉。

"那好极了……这一次不会再有问题了吧？"

"没有问题！晚上你到我那里来吧。"

"好，我会去的。"两个人约好了，便回到各人的办公室。

做完一天单调的工作，那个晚上，贝索如约到了爱因斯坦的家。爱因斯坦迫不及待地立即打开话匣子：

"上一次讲到哪里了？……由于那个著名的麦克逊－莫莱的实验，证明了宇宙中充满着'以太'的说法是错误的，这件事我向你说明过了吧？由此，宇宙间唯一的绝对的东西，已经不存在了。

"那么，到底应该用什么做标准，来树立并展开物理学这门学问呢？我的思索，就是从这里暗中摸索开始的。回头一想，真是多么艰难的旅程呀。也不知有几次想要中断这种没有成功的希望的研究。经过这样的苦心研究，我终于发现了'光'。"

“光？”

“不，是光的速度。无论何时何地，光的速度都是一样的。光的速度太快了，再没有比光速更快的了。而且，光的速度一定不变这个事实，已经由麦克逊－莫莱的实验获得了证明。”

“不错，你这个着眼点很好。你是说要以‘光速一定不变’的这个原理，作为你的新物理学的基础？”

“还有一点，在做同样运动的坐标系之间，一切自然法则都是十分正确的。地点虽然不同，必定发生相同的情形。譬如说，在速度最快的火车上，掉下手帕，它必会成直线的落到地板上，正和在地面上所做的相同。这一点你承认吧？”

“当然喽。”

“好，那么，请你听听我的新物理学的概要吧。”爱因斯坦说道。

相对论的说明

“既然没有绝对静止的‘以太’，我们就应该改变我们的观念，认为一切都是相对的，来观察一切事物。例如，我们说一班火车‘以每小时一百公里的速度开驶’，这种说法是没有意义的。我们应该说成‘对于地面而言，时速一百公里’，才算正确。

“现在假设你坐在时速一百公里的快车上。你打开右边的窗门，看到窗外景物以极快的速度往后跑；打开左边的窗门，你看到时速八十公里的普通班车，向后驶动着。你关上窗门再看看地板，则地板一点也没有动。

“换一句话说，这里就有三种光速了。

“依照相对论，这三种都是正确的。换一句话说，一种速度和其他速度互相比较时，才有意义。你所坐的火车，一小时比地面快一百公里，比普通慢车快二十公里。而对你来说，它一点也没有动。”

“我知道了。假如有叫作‘以太’的绝对静止的空间，便将一切的速度，拿来和‘以太’比较，于是时速一百公里的‘绝对速度’也就有它的意义。现在既然要否定‘以太’的存在，那么，我们就应该对一切事物有‘相对的’看法。这个道理，对于天体的运动也可适用吧？”

“是的。实际上的测量虽然要繁琐些，但理论是一样的。譬如说，地球是绕着太阳而行的，所以，它的速度可以和太阳相较而测得。太阳周围又有许多卫星在宇宙中围绕着它运行，它们的速度无法测知，因为人类不能跑到宇宙外，从外面观察太阳系的运行啊。”

“既然速度是相对的，那么，空间以及时间本身，是否也是相对的？”贝索说。

爱因斯坦微笑了。

“对！你说得很对。距离和时间，也都随着运动而变化。

“让我举例来说明：假如你戴着一只表，站在一条大河的岸上。在河上，有一只船用极快的速度顺流而下，在那只船上，有人相隔一分钟，放出两个烟火。当船经过你面前时，放出第一个烟火，你立即按下马表。而当你看到第二个烟火时，看看你的表，一定是比一分钟还多一点。

“为什么呢？这是因为船也在动。在放那两个烟火的时候，假如船停着不动，那么，相隔的时间，不论是从船上或岸上看来，都是同样准确的一分钟，但因为船也在动，在河岸测得的时间，便比船上测得的要长一些了。换一句话说，时间也是相对的。”

“那么，速度越快，时钟也越慢了？”

“你说得很对。再说，一切物体会向着它运动的方向，相对的缩短。”

“照你说，在极快的速度之下，就需要另外一种尺了？”

“这点用不着担心，因为尺也会同样的缩短……更重要的是，速度越快，物体的质量（重量）就越大。根据我的计算，例如地球的速度达到每秒十六万一千米，那么一切物体的重量就要加倍了。不过，即使是地球的速度到那种程度，住在地球上的人，一点也不会感觉到。用那缩短了的尺和减慢了的时钟来测量，光的速度仍旧是每秒十八万六千米呀！”

（他所说的尺会缩短这个理论，很不容易实验。但重量会增加这一点，以后由实验而获得证明。从镭放射出来的物质，是以每秒十八万五千米的接近光速的速度而运动着。将运动中的该项物质，拿来测量，结果获知它的重量增加，正和爱因斯坦所预言的相符。）

“嗯，那么，质量会增加的理由呢？”

“这可以从数学上获得证明。以极快的速度运动的物体，都各有它的‘能’。而‘能’是有质量（重量）的。也就是说，运动中的物体的质量，为停止状态的质量与‘能’的质量之和。”

“有道理，这真是革命性的理论。不过，既然可以由增加速度而将‘能’变成质量，自然也可以将质量变成‘能’了吧？”

“当然，应该是可以的。我得到的公式是 $E=mc^2$。

“E 表示‘能’，m 是质量（重量），c 是光速（每秒厘米）。一切物质，都有与重量乘光速平方相等的能量。

“这是一个惊人的数字。但事实的确是如此。换句话说，一磅的物体所含有的能量，就相当于一千六百万吨的炸弹爆炸时所产生的能量哩！”

啊，这是多么惊人的宣言！就是贝索也无法相信这个理论。不仅是贝索，除了专门的科学家以外，世界上绝大多数的人都无法相信。直到四十年以后，根据这个理论发展而制成的原子弹，在广岛上空爆炸时，全世界的人才恍然大悟了。

四元的世界

爱因斯坦发表相对论，是在一九〇五年，那时候他才二十六岁。

他能达到这个地步，真是不容易，那是一个非常艰难的过程。

他不能以现在已经知道的理论做出发点。因为那些都经全世界的学者尝试过，而全部都失败了。无论如何，应该捉住过去没有人想到的新的出发点。

但不知道应该从何做起。现在所知道的仅仅是细枝末节，而出发点却尚无头绪。要无中生有，那就只好利用直觉的方法了。

就像在黑暗中找寻什么似的，尝尽了痛苦后，突然脑中会闪过一道曙光："哦！就是这个！"这就是上天所赋予的直觉。爱因斯坦依靠直觉探知出发点后，渐渐地展开它的理论。

不过，实际上并不那么顺利。往往自以为摸索到了出发点，其实弄错了。即使把中间过程的理论做得很完美，但因出发点错误，结果还是归于失败了。

“唉，又错了！”有耐性的爱因斯坦，也不知多少次抛下研究工作，而大声叹息。当几个月来辛苦的努力成为泡影时，他也要大感失望，但不能灰心。失败了要怎么办呢？只好把它放在抽屉里，重新开始暗中摸索新的出发点。

只有像爱因斯坦这样具有坚韧不拔的性格的人，才能做到这个地步。再伟大的天才，也绝不能像在路上捡拾东西那样轻易地完成伟大的发现。

写完相对论的第一篇论文，送到《物理学年报》主编的办公室时，爱因斯坦也感到疲乏不堪。

“请您多多指教。”讲完话走出办公室时，爱因斯坦感到头晕了。从长期的紧张和写作的辛苦，一下子获得了解放，他的感觉正像马拉松选手跑到终点那样。

好不容易挨到家里，爬上公寓的楼梯，他便倒在床上了。

“呀，怎么啦？”太太很担心地注视他的脸色。

“嗯……”

“我去请医生吧？”

“不必了，马上会好的。”

“你的脸色青得发白呢！”

“不要紧。只是疲劳罢了。”说完，他便闭上眼睛休息。

两个星期以后，爱因斯坦才恢复了健康，到专利局上班。

就这样，这位年仅二十六岁、瑞士专利局的无名小职员，竟完成了划时代的伟业。

他将宇宙的面貌，完全改观了。向来我们所认识的宇宙，是由牛顿描绘的“绝对空间”与“绝对时间”的世界，依照牛顿的法则在运动着，那里有“质量”与“力”。但如今，出现了一位爱因斯坦，将牛顿的宇宙，从根本破坏了。照他的理论，质量与力是不能分开的，质量就是力，力就是质量。不但如此，隔开空间与时间的一道围墙，也被拆除了。空间就是时间，时间就是空间。

过去我们是住在了“三元”的世界，而现在经由爱因斯坦的手，将它扩展成“四元”的世界了。

假设有一班火车从车站出发，向东开驶。一小时以后，火车的位置在哪里？我们只要指示线路上的一点就好了，因为火车是在铁轨上行驶的。

线——是一元的世界。

但是轮船就不这么单纯了，因为海上没有轨道，轮船的世界就更加自由了。我们要明了轮船的所在，就必须像北纬几度，东经几度这样的，用两个数字表示出来。

平面——是二元的世界。

说到飞机，它的飞行方法更是自由了。我们要明了它的所在，只说东经和北纬是不够的。此外还须有“海面上几米”这个数字，才能够表示它的位置出来。

立体——是三元的世界。

其实，要决定飞机的位置，只有这些还不够。必须要弄清楚几时几分几秒。因为飞机移动的速度很快，在一瞬间，它的位置就差很大了。

在宇宙里面，一切物体都在动。只有运动着的物体才是事实。既没有绝对空间，也没有绝对时间。简单地说，立体再加上时间，就成为四元的世界了。

伯恩大学的特约讲师

支配了世界科学界达两百年之久的牛顿物理学的殿堂，如今被一位二十六岁的无名青年破坏了。

可是，说得正确些，牛顿物理学并不是被爱因斯坦破坏的。牛顿物理学不待爱因斯坦的出现，已经处在崩溃的前夕了。就以房屋来做比喻，它的根基已经腐朽，墙壁已经剥落，屋顶也会漏水，无论如何，它已经不能再供人居住了。

假如牛顿物理学真的崩溃了，那又要成为一个怎样的局面呢？学术界还没有找到可以代替的理论。顾虑到这一点，所以，墙上补一块板，屋顶补一块铁片的，勉勉强强维持着它的寿命。

现在，爱因斯坦用相对论奠下了新物理学的根基，这一下可以放心了，人们渐渐地离开牛顿，与爱因斯坦合作建设新的物理学了。

然而，当《物理学年报》发表了第一篇有关相对论的论文时，注意到爱因斯坦这个名字的人，还是不多。

一九〇六年三月，在柏林举行的物理学会上，德国物理学权威普兰克教授，发表了一篇根据爱因斯坦理论作成的论文——《普兰克运动方程式》，直到这个时候，相对论才受到学术界的注目。

于是，一般世人虽然还不大关心，但在科学家之间，已经渐渐地引起注意了。

“爱因斯坦到底是什么人呀？”凡是读过他的论文的人，都会发出这个疑问。

“他住在哪里？他在哪一所大学教书呢？”

当他们知道了爱因斯坦并不是大学教授，而只不过是瑞士专利局的一个青年技师的时候，大家都感到困惑了。最感到困惑的是瑞士的几所大学。

“为什么没有请这样有成就的新进学者到大学里来教书呢？”

在这些人里面，也许就有一些人，是五年前拒绝过他的人。

“无论如何，我们必须聘请爱因斯坦到大学来。”苏黎世大学的克莱纳教授这样说。但爱因斯坦并不愿担任大学教授。

“谢谢您的好意。不过，我对于现在这个‘鞋匠的工作’感到很满足了。”

他认为：当了大学教授以后，必须为讲课的准备以及学生的指导花费相当的时间。倒不如做专利局的职员，较有时间研究。

在爱因斯坦眼中，名誉并不算一回事。只要不必担心衣食，能埋头研究，他就满足了。

“话虽这么说，你总不能长久干专利局的小职员呀。为了要完成你的相对论，你还是应该去做大学教授，进入学术界才好。”

经朋友们这么一劝，他才同意担任伯恩大学的特约讲师。

所谓特约讲师，是德国系统的大学特有的制度，特约讲师在大学里面讲课或不讲课都可以，但学校不发给薪俸。只是从选课听讲的学生所缴的学费里，分一部分给讲师。不过，按照惯例，大学教授大都是从这些特约讲师当中遴选的。所以，有意当未来教授的青年学者们，都曾经担任过特约讲师。但是，因为没有固定的薪俸，所以除非是富家子弟或另有职业的人，否则是干不得的。

好在爱因斯坦另有专利局技师这份职业，所以，这一点不必担心。但当时他正热衷于研究，对于教导学生这种工作，毫无兴趣。因而，爱因斯坦讲课的成绩，并不太好。正式注册听讲的学生，也只有两人。一个是贝索，另一个是电信局的青年技师夏凡。

有一天，教室里突然增加了一个学生，那就是苏黎世大学的克莱纳教授。克莱纳有意提拔爱因斯坦到苏黎世大学教书，所以特地跑来看他讲课的情形。很不幸，那一天他准备得不够充分，所以讲得不太好，使得克莱纳教授感到很失望。

“爱因斯坦先生，请你等一下。”当爱因斯坦讲完课，正要离开讲台的时候，教授把他叫住了。

“你的讲法简直太差了，你应该再准备得充分一些。还有，你讲的内容也太深奥了，这种讲法，当然没有学生来听呀。本来我是要请你到苏黎世大学去的，像这种情形……”

“我并不想当苏黎世大学的教授。”爱因斯坦心平气和地说。

旧友亚德勒

那个时候，苏黎世大学有一个理论物理学教授的空缺，却有两个有力的候选人。

一个是爱因斯坦，另外一个就是他在理工大学时代的挚友亚德勒。

州立大学教授的任命，是由州政府的教育科主持的。当时苏黎世州是由社会民主党执政，亚德勒是奥地利社会民主党领袖的少爷，加之他的条件很优越，于是，当局便决定由亚德勒继任理论物理学的教授。

但当亚德勒获知和他竞争这个职位的竟是爱因斯坦，便满脸通红地跑到教育科说：

“你们能请爱因斯坦到本校来，而你们却不这样做，偏要任命我当教授，真是岂有此理。老实说，作为一个物理学家，我连替他拿皮包的资格都没有哩。他是极为难得的大学者。请你们立刻撤销对我的任命，聘请爱因斯坦来当教授吧。如果由于政治的理由而失去这个绝好的人选，那问题可就严重了。”

亚德勒对于政治问题固然很热衷，而他对纯正学术的尊敬，表现得更加热烈。爱因斯坦听到这件事情，也衷心感激这位朋友。

就这样，一九〇九年秋天，爱因斯坦就任苏黎世大学的教授了。他们夫妻都曾在苏黎世上大学，来到此地任职，米立琶夫人显得格外高兴。旧日的朋友也时常来探望他们。

“终于回到我们的故乡了。”夫人微笑着说。

在苏黎世大学，克莱纳是正教授，他讲授实验物理学；爱因斯坦除了担任力学、热力学的课程外，还主持物理学的讨论会。亚德勒是讲师，他讲授物理学中的认识论和静电场论。另一个好友格罗斯曼在附近的理工大学教高等几何学。

来到苏黎世以后，爱因斯坦对于讲课渐渐地认真了。他的主要兴趣固然是在研究工作，同时他也很喜欢纯洁的青年学生。

爱因斯坦每次到课堂，总是先脱下帽子和大衣，挂在衣架上，然后问道：“各位有什么问题没有？”如果有人提出疑问，他总是说：“这个问题很好。”

于是亲切地就所提的问题加以说明，然后开始讲课。他向来不带笔记簿上教室，他总是一边想着，一边把复杂的计算题做出来。

爱因斯坦觉得和学生们在一起，自己的想象力就越丰富。他不把自己当作是一位严肃的教授，而当作是他们的好朋友，诚恳地指导学生们从事研究。

他唯一感到不耐烦的是参加校务会议。他们标榜着大学自治的口号，在会议席上，煞有介事地讨论着无关紧要的事务问题。这种场合，真使人昏昏欲睡。所以，每当出席校务会议的时候，他总是呵欠连连。

“爱因斯坦教授真是与众不同。不管是对大学校长，或者是对打扫走廊的女佣，都是同样的态度、同样的语气来谈话。”别人都这样谈论着他。

他绝不认为人类的价值，会因地位的高低而有差异。

当起大学教授，总要过得像样些。然而，爱因斯坦是一个额外教授，他的收入并没比专利局时代增加多少。没有办法，夫人只好腾出房间，出租给学生，以便增加一些收入维持大学教授的生活。

真如爱因斯坦所说的，学者非兼做鞋匠不行。因为不能维持起码的生活，怎么还能做研究呢?

“我曾经说过，在宇宙内互相运动的各个领域里，各有它的时钟。但是，实际上我家连一个时钟都买不起。”爱因斯坦曾经苦笑着说。

不久，暑假到了。从苏黎世绕过拜登湖，向东边走一点，就到他少年时代住过的慕尼黑。慕尼黑是令他厌恶的地方。唯一值得他怀念的人就是指导他欣赏德国古典文学的路易斯先生。

“不晓得先生现在过得怎么样。如果知道我已当苏黎世大学的教授，他一定会很高兴的吧。”

这年夏天，他怀着希望，去访问慕尼黑的母校。路易斯先生仍旧在中学里教书，但见到爱因斯坦来访，只是诧异地望着。

“你是？……”

“我是阿尔拔·爱因斯坦，是老师从前的学生。”

路易斯先生显然已不认得他了。从他那时的态度可以看出，他是在担心着爱因斯坦是不是来借钱的，因为这家伙穿得太邋遢了。

爱因斯坦怀着幻灭的悲哀，匆匆离开了母校。

一颗新星

爱因斯坦并不追求名声，但名誉的光环却总是萦绕着他。

一九〇九年九月，他被邀请出席在萨鲁堡举行的德国科学家大会，就“辐射”问题发表演讲。在这个集会里，这位青年科学家和德国许多学者见面了。

“哦，你就是爱因斯坦先生啊。”

“哦，普兰克先生。久仰，久仰！”

两位伟大的科学家紧紧地握着手。这时爱因斯坦三十岁，普兰克五十一岁。

“我所做的光学的研究，是用先生所发表的论文做基础，在理论方面把它发扬光大的。不知道先生看过我那篇论文没有？”

早在一九〇五年，在发表有关相对论的研究报告之前，爱因斯坦曾经发表过两篇重要的论文。其中之一就是有关布朗运动的论文。

把像花粉那样的小粒浮在水上，用显微镜来观察，就可以看到花粉在到处跳动。这是由于水分子在跳动，这种现象叫作布朗运动。爱因斯坦便由此证明：观测花粉的运动，便能计算水中的分子数量。在这以前，分子数量是不能直接算出的，经过爱因斯坦的发现，才能用观测方法计算了。

另外一篇是光量子假设。一九〇〇年十二月，正当从十九世纪进入二十世纪那个时候，德国的普兰克教授发表了他那著名的量子论。这个理论是说：物体加热以后，就渐渐地变红，终于白热化而发光，这个时候，发出来的光的能量，是和光的振动数成比例，而以一定量陆续地发出的。

发表这篇论文的时候，已经是当时第一流大学者的普兰克，当然无从知道在瑞士有一个无名的专利局青年技师，正热心地研究着自己的理论。爱因斯坦反复地研究了普兰克这篇论文，终于对物体受到光时会发出电子的现象，提出了理论上的说明。

“你的论文我已拜读过了，那真是有意义的大胆的假设，我得到不少的益处。不过，这样就断定光是粒子，未免太过于武断了。关于辐射的干涉和回折，粒子说还不能像波动说那样的提供有力的说明呢。”

“您说得对。可是，‘以太’的存在既然被否定了，我所持有的‘光是粒子’这个信念，是不可动摇的。将来的实验，一定能证明我的理论，并将会提供进一步发展的基础。”

光是粒子呢？还是波状的呢？这是在“以太”的存在被否定了之后，仍旧不能解决的问题。这也是困扰着爱因斯坦的问题之一。

接着，爱因斯坦被请到荷兰的莱登大学演讲。莱登大学是欧洲最古老且占有最重要地位的大学之一。在这里，爱因斯坦会见了劳连兹博士。

劳连兹是当时国际物理学界的元老，他那有名的重力论，是爱因斯坦相对论的先驱。一般甚至认为，莱登大学是因为劳连兹教授的存在而享有盛誉。

在这里，这位学识渊博的老学者和精力充沛的少壮教授之间，产生了深厚的友谊。劳连兹全面地支持爱因斯坦的相对论。

“我常常这么想着：像你这样的学者，如果能来到本校和我共同研究，那不知有多好呢。”劳连兹博士不止一次的这样说。

不仅仅是莱登大学，欧洲各地的大学，都纷纷邀请爱因斯坦去讲学，并竞相聘请他去任教。结果，他决定应聘到奥国的布拉格大学任教。

布拉格现在是捷克的首都，不过在那个时候还没有捷克这个国家。德意志民族和捷克民族相处得很不好。布拉格大学虽然是奥国最古老的大学，但由于这两个民族不和，常闹纠纷，所以把大学划分为两部分，一个是德意志派的，另一个是捷克派的。爱因斯坦赴任的就是德意志派的大学。

“爱因斯坦终于被布拉格争取去了。”

劳连兹博士感到很遗憾。不过，布拉格是聘他去担任正教授，所以薪水拿得多一些。爱因斯坦这时已经有两个孩子了，为了一家的生活，选择待遇较高的学校去服务，这也是不得已的事。

要担任教授的职务，按照规定必须填写履历表。爱因斯坦依照向来的习惯，打算在表上的宗教栏填上一个“无”字。这时候，在旁边的办事人员急忙阻止道：

“那是不行的。”

“为什么呢？”

“我们的皇帝曾颁有一个规定，凡是大学教授，必须信仰任何一种宗教才行。”

爱因斯坦苦笑了一下，立即填上“摩西教”。布拉格的人是以此称呼犹太教的。

就这样，履历表总算通过了。

民族的仇恨

爱因斯坦出现在布拉格车站的时候，只穿一件毛线衣，双手插在裤子的口袋里，他这种满不在乎的装束，正像是一个从意大利来的音乐家。

“他就是鼎鼎大名的爱因斯坦教授吗？”人们都用惊讶的眼光望着他。

“到了这个大学，你应该先去拜访每一位教授，跟他们认识一下。这是此地的习惯。”有人好意地告诉他。

“一共有多少位呢？”

“大约四十位。”

“那还得了……好吧，让我慢慢地进行吧！”

出乎意料地，爱因斯坦很轻松地答应了，这也是有原因的：布拉格是欧洲最美丽的城市之一，宽阔而宁静的模尔道河，流经市区的中央；到处有哥特式的尖塔，矗立在蔚蓝的空中；如同其

他欧洲的城市一样，新市区完全现代化，而旧市区却保存着中世纪的遗风，到处都有名胜古迹。他计划一面参观那众多的名胜古迹，一面顺便拜访住在附近的教授。

爱因斯坦带着布拉格的地图和教授名簿，开始做礼貌性的拜访了。起初这个计划进行得很顺利，但当他参观过了所有的名胜古迹之后，便对拜访工作感到厌烦。剩下还没去拜访的几家，他决定不去了。这一下，问题来了。

“新来的那位物理学教授，真不懂礼貌。他还不来拜访呢。”

“那就怪啦，他老早就去过我那里。”

“哦，去过你那里了？”

这位教授显得很不高兴，他以为只他一个人受到轻视而被忽略了。但没有多久，大家渐渐地明白了个中的原因。

“本来我觉得很奇怪，现在我知道它的内幕了。你的住宅一定远离名胜古迹，这就是你的名字被排在名簿末尾的原因。”

“哈哈，他是参观名胜顺道去拜访，那么就是来拜访也算不得光荣。”

“同样的理由，被忽略了的，也不必认为是被轻视而生气呀。”

于是大家笑笑就了事。

学生们对于爱因斯坦的风评，出乎意料的好。这是由于他那种自然、谦逊、和蔼的态度使然。

“各位如果有什么问题，可以随时来问我，我不会感到厌烦

的，不管是什么时候。我的工作虽然被中断，但只要办完事情，我很快就能恢复原来的工作。”上第一堂课的时候，爱因斯坦便向学生做如此宣布。

爱因斯坦讲课是很平实的，一点也没有修饰、夸张。他把所有问题，尽可能用简单的语言表示出来，并加以明晰的理论予以展开。

来到布拉格后，最使爱因斯坦感到惊讶的，是德意志派和捷克派之间的不和，竟是那样的严重。有一次，同样是布拉格的大学，而德意志派的化学教授和捷克派的化学教授，在美国芝加哥举行的化学会议席上，才得见面认识。

一天，爱因斯坦和同事在街上走的时候，看到一家店铺的招牌就要掉下了，便说道：“如果刮风就危险。”

那位教授却若无其事地回答：“不要紧。就是掉下来也只会打伤捷克人呀！”

对于这样的答复，爱因斯坦无话可说。

和爱因斯坦关系很深的实验物理学教授安东·蓝巴曾说过一段话，使爱因斯坦对这两个民族间的仇恨更加迷惑。他说：

“就拿明信片来说吧。凡是印着德文和捷克文两种文字的，我绝对不用。可是，假如遇到捷克人的邮政局职员，他便会故意地说，用德文印刷的明信片已经卖完了。所以我常和邮局人员吵架。”

同样是德意志派，而真正的德意志人还是极少数，其中大部分都是犹太人。因此，当德意志人和捷克人发生争执的时候，因为人数越多声势越大，所以犹太人也会被当作德意志人看待，但一旦牵涉到德意志派里面的问题，犹太人便要被摒除了——这真是最可恨不过的事。

有时候，爱因斯坦会穿过市区，做长时间的散步。一到犹太城，那里有著名的犹太人公墓。当他看到那些古老的墓石，一股民族的感情便会油然涌上心头："对，我也是犹太人呢，要为犹太人争光！"

再信步走去，进入布拉格的旧市区，便会遇到充满敌意的捷克人的眼光。在他们所跳的捷克民间舞蹈里面，或者是他们所唱的捷克民谣之中，都隐藏着"总有一天要摆脱奥国的统治而独立"的那种决心。

爱因斯坦又怀着紊乱的心情，回到家里，然后拿起他心爱的小提琴，从音乐中去寻求心里的和平。

海军上将

在布拉格大学任教一年后，一九一二年的暑假，他又回到苏黎世，在母校理工大学就任正教授。这时候极力推荐爱因斯坦的，是法国的数学大师彭卡雷。

彭卡雷和居里夫人联名，签署下面的推荐书：

“爱因斯坦先生是位我们所认识的最具有创造才能的人。他虽然还很年轻，但已经在现代第一流的学者群中，脱颖而出了。尤其值得佩服的，是他有一种才干，能从新颖的概念中，引导出各种结论。

“关于物理学上的问题，他能不为陈旧的观念所拘束，他能看透一切新的现象，而这些都是日后必定会被证实的。

“他的真实的价值，此后必能更加发挥。因而，聘请他来任职的大学，将会声誉日隆。”

起初，理工大学和他接洽的时候，爱因斯坦显得不怎么热心，只回答说：

“冬季学期结束以后，课程方面比较轻松些，就可以考虑到贵校去。”

但是，夫人一听到能回到苏黎世去，就忍耐不住了。

“我们早一点回去吧。无论如何，苏黎世是我们的第二故乡呀。而且那个学校又是我们的母校呢。”

于是，由夫人一手把转任的手续办妥。因此，爱因斯坦连辞呈都没有向布拉格大学提出，便搬回苏黎世去了。

后来，有一次到维也纳演讲，一个朋友告诉他：“你这个人也太糊涂了。在形式上，你现在还是布拉格大学的教授呢。教育部的承办人员正为这件事伤透脑筋哩。”

他被这么一提起，才赶忙补办了一些必要的手续。

当爱因斯坦要离开布拉格的消息传出去以后，社会上便发生各种谣传。布拉格最大的一家报纸说：“爱因斯坦先生为什么被赶出大学呢？那是因为同事们嫉妒他的天才和名声的关系。”

另外一家报纸写道：“由于爱因斯坦先生是犹太人，所以维也纳的教育当局也对他有所歧视，因此，他跑到瑞士去了。”

看到这些消息，最感到惊奇的是爱因斯坦本人。他想，这些毫无事实根据的谣言，教育主管当局一定很感困惑，他很同情他们。

好心肠的爱因斯坦立刻提笔写信安慰局长一番。局长接到这封信，真是高兴万分。他向接任的法兰克教授说道：

“爱因斯坦先生给我一封动人的信。从来没有一位大学教授，给我这样的信。”

不过，对爱因斯坦离开布拉格最感依依不舍的，也许是乌因德尼克教授。爱因斯坦常到这位梵文教授的家里去聊聊天，拉拉小提琴。而每一次都是由教授的妹妹给他伴奏。原来这位老小姐是钢琴老师，所以把爱因斯坦当作学生看待。

“这位老师对我太严格了，简直像是军队里的班长。”爱因斯坦曾苦笑着对人这样说。

当爱因斯坦要转任的事决定以后，她说：“唉，真扫兴……不过，爱因斯坦先生，你一定要介绍一位也会拉小提琴的人来继任你的职位哟。”

可是，尽管是班长的命令，也是不容易办到。碰巧，继任的法兰克教授连小提琴的拿法都不懂。据说，那位女士立即改变颜色，瞪着爱因斯坦说：“你违反诺言了。”

当这位法兰克教授去拜访爱因斯坦的时候，他正倚靠在研究室的窗边，脑子里思考着一些事情。他看到客人来了，便回过头来，说道：“老兄，这真是奇怪的公园。”说着，便打开窗户，指着美丽的草地和茂郁的树林。

“如果细心观察，便可以发现来这个公园的人，上午全是女人，而下午却全部是男人。有一些人是单独地在沉思着，另外有

一些人却成群地在议论着……你知道这是怎么一回事吗？”

“我也莫名其妙。”

“起初我觉得很奇怪，后来一打听，原来这个公园是疯人院的附设庭园呢！”

说完，爱因斯坦便哈哈大笑一番。他继续说道：“你看，那些人就是疯子，他们不必费脑筋去想量子论啊什么的。”

那个时候，爱因斯坦正在就光量子的问题，做着更进一步的研究。

光是粒子呢，或者是波？爱因斯坦对于这个两百年来无法解答的问题所提出的答案，依然具有革命性。

“光就是粒子，同时也是波。”

由于这个发现，量子论的研究又向前迈进了一大步。这个研究以后便发展成为有声电影、电视，而对世界文化有所贡献。

就这样的，离开布拉格的日子终于到了。但就在大家正忙着收拾行李的时候，又发生一个问题，那就是如何处理大礼服。

插着羽毛的方帽子，配有金带的衣裤，厚呢的外套，还郑重其事地佩上一把短剑。就职典礼那一天，无论如何非穿这套大礼服不可，所以勉勉强强定做了。但爱因斯坦很不喜欢参加仪式，因此，他只在就职典礼那天穿过这套大礼服。

“真可惜……法兰克先生，把这一套礼服廉价让给你吧，收你半价就好了。”

“好吧，就让给我吧。本来我也正在为大礼服伤透脑筋呢。”

于是，在大人之间，这笔买卖算是做成了。但在这个时候，刚满八岁的儿子，从旁提出抗议：

“那怎么行呢？爸爸不是和我约好，在把大礼服让给别人以前，要穿上它，带我在苏黎世街上走一趟吗？……”

被儿子这么一说，这位大科学家也只好苦笑着说：“爸爸才不来这一套哩。如果真的穿上它在街上走，大家一定会以为是海军上将来了。”

星光照耀大地

XINGGUANG ZHAOYAO DADI

爱因斯坦的相对论推翻了牛顿的学说，成为二十世纪的哥白尼。

就是这个人

离开布拉格的时候，固然感到依依不舍，但回来一住，苏黎世的确是一个好地方。不但是由于苏黎世是爱因斯坦的第二故乡，而且，他还是一个瑞士公民呢。

回想当年，他第一次上讲台的时候，听讲的学生只有两个，其余的座位都是空的。现在却有一大群青年学生坐满了宽大的讲堂，投以好奇的眼光，静听着这位名教授在讲课。他自己对于这几年间的变化，也有很多感慨。

在走廊上遇到的白发老教授，都对这位完成划时代贡献的青年教授，用眼神表示敬意。他们是否还记得：他就是十五年前考不上这所大学，而被送到乡下中学去补习一年的那个学生呢！

不过，他不再去理这些了。名誉、地位，他都不看在眼里。过去的事就让它过去吧。他正为进一步发展相对论，而倾注全部精力研究着。

“我需要时间。我需要能自由思想、自由研究的时间！”他不时这么想着。

但是，他现在是这所大学里负有责任的正教授了，他需要出席校务会议；另一方面，为了准备讲义，他也要分出一部分宝贵的时间。

“要研究学问，就非当皮鞋匠不可吗？”他这么叹息着。

在这个时候，命运女神给爱因斯坦带来意外的幸运：柏林的研究所前来礼聘他了。

这件事情是这么来的：

一九一一年，当爱因斯坦还在布拉格大学任教的时候，曾应邀出席布鲁塞尔的索尔贝会议。代表德国出席会议的学者有研究热力学的尼伦斯特和研究量子论的普兰克；代表法国的是彭卡雷和电磁气权威朗吉邦；代表波兰的是居里夫人；而从英国来的是剑桥大学的拉泽福，当时他已在研究一种新的原子构造，认为在原子核周围有电子环绕着。会议的主席是世界物理学的元老、荷兰的劳连兹博士。爱因斯坦和赫泽那尔教授，一同代表奥国参加。

看到这个名单就可以知道，参加索尔贝会议的人个个都是举世闻名的大学者，而在其中大放异彩的，是爱因斯坦发表的有关重力的理论。

“正如我所期待的，如果爱因斯坦的理论能被证明为正确的话，他将是二十世纪的哥白尼。”德国的普兰克教授说。

哥白尼是一位大科学家，他曾创造一个新理论，认为并非太阳环绕地球，而是地球环绕太阳运行，因而推翻旧有的科学理论。

普兰克低声向坐在旁边的尼伦斯特说："就是这个人，除了他没有第二人了。"

"嗯，我也这么想着。"尼伦斯特点头表示同感。

原来，他们两人奉德国皇帝之命，正在筹划设立一个研究所。

德皇威廉二世是一个野心家。他计划把柏林建设成为世界上政治、经济、文化及科学的中心。当然，他知道得很清楚：科学的研究，就是发展强大军事力量的基础。

"在美国，经由洛克菲勒、卡内基等大富翁的捐助，设立了很多设备优良的研究所。德国也应该仿照设立，只靠大学是不够的。"

于是，皇帝便召集全德国的富翁，要他们组织一个威廉协会，设立一个规模庞大的研究所。

"那么，这个研究所既然是要符合国际水准，除了德国以外，还必须从外国聘请优秀的学者到这里来才是。"

"当然啦。有没有适当的人选？"

"有的。至少在物理学方面，有一个极为合适的人物，除了他，再没有第二个适当的人选。"

"那是谁呀？"

尼伦斯特和普兰克互相看了一眼，然后，坚决地向皇帝报告：

“就是苏黎世大学的爱因斯坦教授。他本来是出生在我国史瓦边的犹太人，现在他已入了瑞士国籍。”

“既然是在德国出生的，那再好不过了。马上去请爱因斯坦来。”

于是，德国物理学界的两位巨头，便联袂到苏黎世访问爱因斯坦。

威廉研究所

“你也许已经听到过传闻，这回，我们决定在柏林设立一个凯撒·威廉研究所。希望你能协助我们。”普兰克教授先开口。

“你说要我协助，我到底能帮些什么忙呢？”

“希望你能主持研究所的物理学部门。”

“呀！要我担任物理系主任？”这一下，爱因斯坦对于这个突如其来的机会，感到很意外。

普兰克继续说道：“并且，还要请你兼任柏林大学的教授以及普鲁士皇家学会的会员。”

普鲁士皇家学会！那是学术界最高的荣誉。就在前几天，一位教授说：“普鲁士学会真是无聊的地方，从来没有一个人，在他年轻得能为这份荣誉而欣喜若狂的时候，被推荐做会员。”

爱因斯坦接着说道：“就这一点来说，我已经够资格被推荐做会员了。因为，即使是当了学会的会员，我也不至于欣喜若狂

呀。”

想不到这回他却真的被选为皇家学会的会员。这时候他才三十四岁呢。但是，他最急于想知道的是有关柏林大学的事情。

“你说要我担任柏林大学的教授，是不是也要讲课呢？”

“不，这只是一个名义，假如你愿意，讲几堂课也可以；假如不愿意，那倒可以不必讲课。”

这是多么好的职位。既有充分的时间可以自由研究，薪水也多，而且，在学术的中心柏林，随时可以和当代的权威学者交换意见，互相讨论。

他唯一担心的，就是他对于德国这个国家有一些顾虑。少年时代的回忆，立即浮现在他的脑际。军营般的学校生活，在市区行进的军队……

“搬到柏林以后，假如发生战争怎么办？……”一想到这里，刚才那兴奋的心情也冷却了一半。

“我明白了。我很愿意到柏林和各位一同研究，不过，假如能允许我保留瑞士的国籍的话……”

这真是意外的条件。它很可能被认为是对于他们所自豪的“光荣的德国”的侮辱。但出乎预料的，他这个条件很快地被接受了。就这样，爱因斯坦以一个外国人——持有瑞士国籍的犹太人的身份，搬到柏林去住。那是一九一四年春天的事。

这时候，米立琶夫人并没有和他一起去。他们的家庭生活并不幸福。这不能说是哪一方面的过错，而是两人的性格不合。而且，米立琶夫人也不愿意离开苏黎世。于是，经过一番商量之后，两人便决定终止婚姻关系。

走出柏林火车站，爱因斯坦深深地感觉到他是来到一个新天地。这是一个新的都市，和他所住过的其他欧洲都市都不同。这里没有像布拉格或米兰那样的，可以回溯到公元五六世纪的悠久的历史。固然，在市中心附近也遗留着一些狭窄而弯曲的中世纪式的街道，但大体来说，它是依照完整的都市计划建设而成，有着平坦街道的现代化都市。

贯通市区中央的平坦而宽阔的街道两旁，种植着美丽的菩提树，这就是有名的菩提大道。它从西端的布兰登堡门开始，一直到市区东端的皇宫。年轻有为的皇帝威廉二世就住在那里。

爱因斯坦在街道上散步，他不想去参观皇宫，他在菩提树的树荫下缓缓漫步，东看看店铺的玻璃橱，西望望美丽的大宅邸；走累了，便进入咖啡馆喝杯咖啡。他偶尔也到面积有几百公顷大的动物园里散步。在柏林，他有很多朋友，也有一个富裕的亲戚，不管什么时候去，总是很热情地款待他。

他的生活很简单。每天到皇家学会做研究工作。到了午餐的时间，他便沿着菩提树的街道，步行到亲戚家吃饭。晚上，他就回到公寓睡觉。在家里唯一能安慰他心灵的就是小提琴。

在那有钱的亲戚家里，有一位青梅竹马的友伴伊丽莎。爱因

斯坦的母亲和伊丽莎的母亲是姐妹，所以，说来他们两人是表兄妹，而且，他们两人的父亲也是堂兄弟，因此，就从父亲这方面来说，他们两人也算是远房的堂兄妹。伊丽莎早就结过婚，因丈夫死了，她便带着两个女儿，回到娘家来住。

幼时的朋友之间，不怕没有谈话的材料。

“阿尔拔，你还记不记得在慕尼黑的家里玩过航海游戏的事？”

“当然记得呀。你当哥伦布，在横渡草原上的大西洋的时候，你不是因为船被撞破而大哭吗？”

“才不哩，那是玛雅。那时候真好玩。有很多花草、蝴蝶、蜻蜓……你现在还拉小提琴吗？”

“嗯，我想再多做练习。不过，如果只在家里奏给家人听，那倒还有把握。”

“我很想听听。”

伊丽莎是一个高贵的妇人，她的眼睛是蓝色的，头发往后梳，露出很宽的额头。当她一笑，整个屋内立刻充满了光辉。

爱因斯坦虽然孤独而寂寞，但当他和伊丽莎讲话的时候，心里就会感觉到很轻松愉快。

两种物理学家

到学会一看，一点儿也不错，这里的会员全是学术界的元老。他们都泰然而悠闲地围坐着。“所谓元老，都是些昏昏欲睡的人物嘛。”爱因斯坦这么想。

无论什么事，元老们都要认真地加以讨论。管他是学术上的重要问题，或者是像讲演的酬金应定为一千马克或一千二百马克这类问题，他们都用同样庄严的态度辩论着。

在这些元老里，独有爱因斯坦一个人与众不同。赖登堡曾经说过：“当时在柏林有两种物理学家：第一种是爱因斯坦，第二种是其余的所有物理学家。”

当时柏林大学每星期举行的讨论会，真是天下伟观。出席的人除普兰克、尼伦斯特两教授外，还有以 X 线研究结晶的构造而著名的马克·劳埃；做过电子冲突的实验，而对量子论的实验开拓新环界的詹姆斯·弗朗克及古斯达夫·海尔兹以及唯一的女性，被爱因斯坦推崇成就在居里夫人之上的丽慈·麦托那。

由于爱因斯坦的参加，这个讨论会立即变得很活跃。爱因斯坦总是把自己的想法率直地说出，同时把它综合归纳起来，做成一个概念。他也很耐心地听别人的议论，不明白时，便以讨教的态度发问。

一般的人，越是著名，对询问越采取慎重的态度。因为他们怕被认为：像他那样的专家，连这个也不懂？爱因斯坦却没有想到要保持这种虚荣，只要不是他专门研究的问题，而有不明白的事情，他就不耻下问。有时候会被认为过于奇特，但往往都是从那些奇特的询问里，获得意想不到的端绪。爱因斯坦走后，讨论会便失去了活力。

看到爱因斯坦在菩提大道的路边悠闲地散着步，也许会有人很羡慕地说："哦，他是多么的轻松呀。"

但就在这时，他的脑筋却为着寻求新颖的观念，而像风车一般地转动着。换句话说，一天到晚，不管什么时候、什么地方，对于爱因斯坦来说，都是宝贵的研究时间。

有一次，接任爱因斯坦在布拉格大学的课程的菲利浦·法兰克教授，很难得地来到柏林。那时候，两人决定一同去参观天文台，便约定在波茨坦的桥头相会。

"不过，我对柏林不太熟悉，能不能在约定的时间内到达桥头，没有多大自信呢。"法兰克说。

“不要紧，我在桥头等你好了。”

“但浪费你太多的时间，真过意不去。”

“没有这回事。我的工作，是在任何地方都可以做的。我这个人并不是在家里才能思考，在波茨坦的桥头依旧能思考。”

他的思想，像大海般澎湃着。他在思考的时候，即使是被别人的问话打断了，那也只不过像是投入水面的小石子，顶多造成几圈小小的波纹，终究不能阻挡他那源源而来的思潮。

学会的会员当中，有一位是著名的心理学家史敦普教授。本来爱因斯坦是最不喜欢做正式访问的，但他觉得和这位大学者讨论相对论，也许能得到益处，于是决定去拜访史敦普。

上午十一点，他到史敦普教授的寓所前揿门铃，不巧，教授不在家。

“有什么话要我转告吗？”出来开门的女佣这么说。

“那倒不必。我就在附近散散步，回头再来吧。”说着，爱因斯坦便走开了。然后在公园里来回散步，到了下午两点，他又去了。

“啊，真对不起。先生回来是回来了，但因为我没有告诉他您要来，他正在睡午觉呢。”女佣人很抱歉地说。

“不要紧，我等一下再来吧。”

他对这些事向来都是不关心的。他还是边想边走地在公园里散了一会儿步，下午四点钟又来到史家。由于他的耐性，终于得见这位大学者。

“我说啊，‘有恒为成功之本’这句俗话，是有道理的哟。”

爱因斯坦边笑着说，边走入客厅。

史敦普教授夫妇在内心里感到很得意。因为以不做正式访问而出名的爱因斯坦，竟来拜访他们了。当然，因为这是头一次的访问，所以他们满以为应该从“欢迎您的光临！来到柏林的感想怎样？宝眷都很好吧？”这类话说起，然后说到一般社会上的话题，哪知道爱因斯坦却不给他们这种机会。

“久仰……我现在正在做的研究是……”

他却一开始就谈起相对论来，但是这位心理学大师对数学并没有多大的研究，因此，也不太了解他所讲的内容，连点头称是也颇感吃力。

一下子讲了约四十分钟，爱因斯坦才发觉这是头一次访问，不应该谈得太多啊。而且，对方毫无反应，多待一会儿也没有用，于是，便站起身来告辞了。这一下，使老教授夫妇俩感到莫名其妙。他们把客人送到门口后面面相觑。

就在这段时间里，爱因斯坦的一般相对论，就渐渐地接近完成的阶段。

一般相对论

一九一三年夏天，爱因斯坦和居里夫人一家人，到安卡丁奴的山谷旅行。这是罕有的“天才之交”。

居里夫人的两个女儿和爱因斯坦的小儿子，在最前面蹦蹦跳跳地走着。稍后几步，爱因斯坦用那充满灵感的声音，把在他脑际里盘旋着的概念，说给居里夫人听。居里夫人是全欧洲能了解他的理论的少数人士之一。

孩子们有时候也竖起耳朵，听着那些不懂的术语。爱因斯坦边走边专心地思考着，他走过悬崖的边端，攀上矗立的岩壁。

他忽然站住，捉着居里夫人的手，大声地叫：“夫人，你明白了！问题是在于当电梯在真空中掉落时，在乘客身上所发生的变化呀。”

在真空中掉落的电梯？孩子们听了这种奇妙的话，不禁哈哈大笑起来。不过，孩子们自然不知道，解开“一般相对论”的关

键就在这里。

一九〇五年发表的相对论，附有一个条件，那就是：“以互相等速运动的两个世界为条件。”因此，给它取名叫作“特殊相对论”。

那么，在有加速度的世界，那又怎么样呢？爱因斯坦本来就对他自己的相对论感到不满。他很担心，对于有关重力的事情，一点也没有着手研究。不附那个条件的“一般相对论”，难道不能成立吗？他不时地为这个问题伤透脑筋。

有一天，他听到一个从很高的建筑物上摔下来而肤发无损的工人说，当他摔下来的时候并没有感到重力。这句话使他有所领悟。自此以后，他又下了很多苦功。那是当爱因斯坦还在布拉格大学的时候的事。

“我的相对论已出现一道曙光了。”他向好友数学教授毕克说。

“那么，仍旧是重力的问题吧？”毕克问道。

“是的，假定这里有很长的电梯，而我就在里面。现在它的钢索忽然断了，我会变成怎么样呢？”

“当然，你将和电梯一同坠下来，所以，你在电梯上不能站稳。”

“对。这时候我丢下手帕，在电梯外面的人看来，电梯、人、手帕都一样地向下降落。降落的速度和重量没有关系，所以，都以同样的速度降落。

“另一方面，在电梯里的我，是摇摆不定的，手帕也不会落在地上，只停留在我放手那个地方。因为我不晓得电梯正在降落，会以为这里怎么失去了重力。假如轻轻地推那停留在空间的手帕，它就循着那个方向，一直运动，直到碰到墙壁才停止。”

“这真是有趣的想法。你想给它们加上相等的重力，而使它们在这个世界内做着加速度运动，也具有相对性，对吧？”

“不错。在电梯里的我一点也不知道，我到底是在重力场（有重力作用的场所），或者是在毫无重力的大气中。电梯即使是浮在毫无重力作用的所谓‘绝对静止的空间’中，里面的状态还是一样。”

“有道理。”

“再假定在电梯的顶端系上铜索，用和重力的加速度同样的力量往上拉。那么，外面的人会怎么说呢？一定是说：‘呀，电梯上升了。’但在里面的人一定说：‘我在电梯里面，站稳双脚，取出手帕丢下，它就会落在地上。’”

“你讲得很有道理。在电梯里面的人，没有发觉是电梯开动了，满以为是自己的身体产生了重量。”

“是啊。因为没有一点证据可以认定电梯已经开动。只是就像我们在地球上一样的，身体有重量，丢下手帕也会掉落在地上。

“换一句话说，由于这个电梯的实验，可以说明牛顿所谓两个质量——惰性的质量与重量的质量——是完全相同的理论。”

“那么，在那个电梯的世界里，光的传导的法则，又是怎么样的呢？按照你的理论，光的速度是不变的吧？”

“是的。假定电梯有一个小洞，光线从那里水平地射进来。当光线照到对面的墙上之前，电梯会稍微升高，所以，光线必将照到对面墙上稍低于小洞高度的地方。

“我认为光和投掷皮球一样，都会由于重力的作用而向下弯曲。”

“你说光会因重力而曲折？”

“是的。根本上，我不同意牛顿的看法，认为万有引力是从远处作用的力量。牛顿并没有说明引力作用的理由，他只断定引力就是这种性质的东西，而敷衍了事。

“我想，重力也和光、电磁波一样，是从物体发出的‘波’。我们已经能证明：电磁波是眼睛看不到的光，而它的粒子是以和光的粒子相同的速度运动着。重力也是一样，即使再快，要作用到对方，一定也要经过一些时间才行的。”

“那么，宇宙的真相便和我们过去所想象的大不相同了。”

“是的。换一句话说，在各个星球里，各有重力作用的场所，因此，就像是在宇宙里面，有着看不见的山和谷一样。

“譬如说，过去一般都认为：因为被太阳的引力吸引着，所以，地球是环绕太阳而行。但我并不做这种想法。不但是地球，凡是星球都是偷懒的，它们都和水一样，要走向阻力最小的地方。而太阳的周围正有太阳的大重力场，它就像高山峻岭一般。要翻越山岭比较困难，所以就在周围的谷底团团转了。”

“这真是惊人的、革命性的理论。听到你的说明，觉得很有道理，不过，假如有方法能证明就好了。”毕克叹了一口气。

爱因斯坦接着答道：“证明的方法是有的。只要在天空因日食而转黑时，拍太阳附近的照片来看看就行。星光通过太阳旁边时，由于太阳的重力的关系，光所经过的路程一定是弯曲的。”

“啊！这一来问题闹大了，只好请求天文学家的合作。”毕克将信将疑地说。

爱因斯坦在维也纳的理医学大会席上发表这个理论的时候，有赞成的，也有反对的。经过激烈的辩论之后，爱因斯坦做了断然的结论：“希望在明年日食的时候，拍摄星球的照片，来证实我的理论是否正确。根据我的计算，光曲折的角度是零点八三秒。”

啊，这是多么大胆的宣言！

很不巧，一九一四年日食的时候，世界大战已经爆发了，派往俄国的德国日食观测队被俄军逮捕，因此，实际上的观测，便不得不等候下次的机会了。

战鼓震天

离开那濒临战事边缘的布拉格回到苏黎世的时候，爱因斯坦觉得好像得救了。但现在搬来柏林一住，战鼓的声响却更加震耳。果然，一九一四年夏天，终于发生世界大战。他正住在引导全世界走向毁灭的大战乱的中心呢。

爱因斯坦为了要忘掉战争，更加努力埋头于研究工作。并且，在战争的风暴里，完成了“一般相对论”。

自从他首次发表特殊相对论以来，经过了十年，于一九一五年，爱因斯坦最重要的论文终于公开发表了。在这期间，战争仍在激烈地进行着。

“我不是德国人，我是中立国家瑞士的国民啊。”

说也没有用。就在战争的纷乱当中，不但在德国，在欧洲各地，也都掀起了一股反犹太的潮流。

战争刚开始的时候，有人草拟了所谓“德国九十二名知识分子宣言”。这是由德国著名的科学家、艺术家、评论家具名，而向全世界声明：德国绝未发动侵略战争。这个宣言的发起人也曾来要求爱因斯坦签名。

他们想对外宣传说：“连爱因斯坦这样伟大的科学家、和平主义者，都认为德国是无罪的，你们还有什么话可说！”

但爱因斯坦却断然拒绝签署。他说：“战争发生以后，才说哪一方有罪，哪一方无罪，这是毫无意义的事。现在最要紧的是，联合世界上所有的国家，尽力于和平的恢复工作。”

这一宣称使爱因斯坦陷入了危机。幸而由于他持有瑞士的国籍，才没有被加上叛逆的罪名。但爱因斯坦却不畏惧一切非难与迫害。他的身边经常危险重重，可是他还是很勇敢地守着哈贝兰特街五号的家。

战争的初期，德国全国上下都沉醉在胜利的欢乐里。各家报纸都竞相刊载有关战争的新闻：松姆陷落、占领拿缪尔、敌方死伤数千、击沉商船数万吨……

“假如按照这个进度击沉敌方的商船，不久英国将被切断运粮的路线，他们也就会饿死了。”

有的教授把报上每天报道的击沉敌船的吨数抄下来计算着。就像放高利贷的人在点钞票一样，面对着一天天增加的总数而感到快乐。后来，一直到击沉的吨数超过了敌人所有轮船的总吨数时，才发觉事情不对劲。

“奇怪，根据计算，敌人应该没有商船了——从哪儿来的鬼商船呢？”

在这期间，柏林生活一天天地艰苦，物价涨得很凶。由于通货膨胀，货币的价值逐渐降低，粮食不足的情形也渐感严重。

好在爱因斯坦有一个富裕的亲戚，所以，他不必到餐馆去吃那些越来越粗劣的菜肴，这点还算是幸运的。不然的话，由于学生时代过度的用功与贫穷，已经被慢性的胃病折磨许久的爱因斯坦，早已不能支持了。

为了准备这些菜肴，伊丽莎却要下很大的苦心。她要带着菜篮，费好几个钟头时间，从一家商店到另一家商店去选购食料，但常常一件东西也买不到，空着手回来。爱因斯坦是一个学者，对于这些世俗的事情一点儿也不知道。

当布拉格大学的法兰克教授来到柏林的时候，爱因斯坦请他到亲戚家吃饭。

“那怎么行呢？在这个粮食缺乏的时期，假如来了一个不速之客，不管哪一家都要手忙脚乱哪。”法兰克说。

但爱因斯坦却像小孩那样天真地说道：“这点你不必客气。我亲戚家的存粮很足。所以，你在那里吃上一天两天是无所谓的。”

法兰克教授和伊丽莎见面，这是头一次。伊丽莎半开玩笑地说：“我很明白阿尔拔是一个很了不起的物理学家。最近我常常买些奇奇怪怪的罐头回来。有些是见都没有见过的外国货，罐子都已经生锈，凹凸不平，连开罐的起子都没有，但从来没有一个罐头是阿尔拔不能开的。”

一九一六年，爱因斯坦接到一个令他伤心的消息：他的挚友菲列德立希·亚德勒受到死刑的宣判。原来，热血的亚德勒离开了苏黎世大学之后，回到祖国奥地利参加政治活动。大战爆发时，亚德勒要求政府在宣战以前，先召开国会征询民意。当他的要求被拒绝之后，他竟在一家大旅馆的餐厅里，暗杀了首相史丘尔基伯爵。

亚德勒立即被逮捕了。他在法庭上答辩道：“我知道我自己做了什么事。因为史丘尔基伯爵使奥地利卷入战争的漩涡里，所以我要制裁他。”

但后来，由于皇帝的特赦，亚德勒被改判无期徒刑。虽然有些传说，说是由于他那担任社会党领袖的父亲活动的结果，但表面上的理由是他的精神不正常而获得减刑。

亚德勒曾在狱中写了一篇批判相对论的论文。这篇论文被送到专家那里，作为鉴定他的精神状态的资料。这篇文章是否定爱因斯坦的学说的，它虽然不无错误，其实，只看这篇文章是无法判定他的精神状态的。但不管怎么样，他终于被鉴定为精神不正常。

“我的学说也为拯救亚德勒的生命而派上用场，这真是不幸中之大幸。”爱因斯坦自言自语地说。

贤惠的妻子

一九一七年，与前任太太的离婚手续正式办妥之后，爱因斯坦便和表妹伊丽莎结婚了。他们带着伊丽莎的两个女儿，在哈贝兰特街五号的公寓里，建立了一个新家庭。虽然是在战时，他们仍然感到很幸福。

伊丽莎尽管看不懂高深的物理学书籍，但是她知道，心情的安宁对于丈夫的研究工作是多么的重要。她绝不让丈夫在家务上操心。爱因斯坦声名日隆，几乎每天都有客人来访问他。她为使丈夫能安静地研究，不得不用尽苦心应付来访的客人。

夫人从娘家带来一些古色古香的家具，用以装饰公寓的新居。她用深绿色的墙纸装饰丈夫的书房，起居室则选用淡黄色的。

爱因斯坦除小提琴之外，也喜欢弹钢琴，因为夫妻俩都爱好音乐，伊丽莎便在起居室安置了一架华丽的钢琴，房间中央的圆桌子上铺着手织的桌巾，天花板上吊着水晶大吊灯。

爱因斯坦的书房很朴素。小小的房间里摆着一张桌子、两个木凳，还有一张安乐椅。四周的墙壁上净是书、书、书……那些都是理论深奥的书籍，一般人只要看到那些书名，就会感到头痛的。

伊丽莎成为爱因斯坦的妻子兼母亲、厨师、秘书以及保证人。一旦丈夫进入书房，伊丽莎就不准任何事情、任何人去打扰他。她知道丈夫有胃病，所以，他吃的东西全部都由她亲自烹调。放在丈夫书桌上的任何东西，即使是一张废纸，也绝不去碰它。

不久之后，夫人便发觉丈夫对于世事是多么的无知。譬如说，如何用钱，这对爱因斯坦来说，是一件很难学会的事情。

“请你记住，我在你背心的口袋里放了一百马克，千万不要忘了哟。”

丈夫外出以前，她总是再三叮咛。爱因斯坦显得没有什么把握似的，望望太太的脸，默不作声地出去。当他回来以后，伊丽莎收拾他的衣服的时候一看，那些钱还是原封不动地放在口袋里。

最伤脑筋的是他竟不晓得怎样使用香皂，这使得夫人终于决定，浴室里只能放一种香皂。因为，像洗澡用的香皂和刮胡子用的香皂之区别，这种“困难”的问题，对于爱因斯坦这个天才物理学家来说，是永远弄不清楚的啊。

好在住在瑞士的朋友们终究没有遗忘爱因斯坦，常常设法寄送粮食和衣料来。由于这个关系，爱因斯坦一家人才能支撑下去。

又由于德国政府特别通融，发护照给他，所以，有时候他可以到荷兰莱登大学去拜访老教授劳连兹。

“你住在战时的德国，生活很苦吧？干脆到莱登大学教书怎么样？”劳连兹博士好几次劝他，但爱因斯坦总是不愿意放弃在柏林所做的研究。

这两位天才的友谊，一直持续到劳连兹逝世。每当对于周围的不愉快的压迫感到不耐烦时，爱因斯坦便到莱登去，跟劳连兹博士共度数日。

每当爱因斯坦出外旅行，夫人的烦恼就多了。她知道丈夫的胃不好，所以，在家里她随时都注意着，要在适当的时间给他适当的食物。但一旦到外边去，爱因斯坦自己对于什么时候吃什么东西，就漠不关心了。从外边回来，他总是患着消化不良症。

“阿尔拔，你到底吃了些什么东西呀？”夫人每次都这样嘀咕着。

当然爱因斯坦是不会记着这些事情的。到底吃了什么，甚至于有没有吃，他都毫无记忆。

当然，虽是战时，荷兰的粮食供应状况也许比德国要好些。但爱因斯坦和劳连兹热烈地讨论着科学上的问题的时候，只要是端上来的东西，他们仅是食而无味地吃光。

女儿们也会服侍爱因斯坦，两人都很喜欢这位继父。不过，不管太太和女儿们多么费心照料，始终无法使这位物理学家养成爱好清洁的习惯。

宽阔的裤子，穿旧了的毛线衣以及他爱用的烟斗……他所需要的只有这些。只要具备这几件东西，不论在什么地方，他都能愉快地工作着。

她们知道爱因斯坦深深地爱着她们，然而，他这个人生来就不善于把自己的感情表露出来，他只是点点头、摆摆手而已，别人便只好依据这些表示，去体会他的爱情。的确，爱因斯坦是一个内心充满着诚挚感情的人。而且，随着年龄的增加，越是想为别人服务、和别人同甘共苦。

伟大的日子

一九一八年，德国投降，第一次世界大战终于结束了。当战争的阴云渐渐地消散以后，全世界的人就发现，爱因斯坦已成为一个伟大的偶像，屹立于世界上。

他在战争期间便已完成一般相对论，并且公之于世。他向全世界宣告："如果有人怀疑我的理论，我希望他在日食的时候，去观测天体，便可以发现，太阳周围的星体，必已转变它们的位置。"

这真是惊人的预言，怎么会有这种事呢？根据爱因斯坦的理论，从星体发出来的光，经过太阳附近的时候，并不成为直线，而是稍微曲折地到达地球。换一句话说，从地面上仰望时，相互间的位置便有些变动了。

当然，只有当太阳来到星体和地球的中间时，才会发生这种现象，白天是看不到星体的。如果想要实际观测这种现象，那就只有等待月球遮住全部阳光，也就是日全食的时候才能观测到。

因为这个缘故，爱因斯坦才说：“怀疑的人等候日食吧。”

但是，当时世界上正在进行着空前的大战，爱因斯坦的预言被战鼓声掩盖住了，只有少数的学者注意到他的理论。而最重视这个问题的却是这次大战的对方——英国。

在英国，正当战争最激烈的一九一七年，便由皇家天文学会与皇家学会，联合组织观测筹备委员会。一九一八年十一月，战争一结束，立即派遣日食观测队去从事观测。观测队长埃丁顿爵士，是世界有名的天文学家。

下次的日食是一九一九年三月二十九日，这一次可以在非洲到南美洲一带观测到。他们决定派遣两个观测队：一队到巴西北部的索布拉耳，一队到非洲几内亚湾的普林西佩岛。埃丁顿爵士亲自担任队长，前往非洲。观测队携带着各种新奇的仪器，并做了万全的准备，乘船离开英国。

自尊心格外强烈的英国人，竟为了证明敌国人——德国学者的理论，而这样的劳师动众。

虽说是战后，但那时候一般人仍旧怀有强烈的“仇敌”意识。巴西的巴拉市有一家报纸，曾登载一篇文章，写道：“全队的学者都是精通天文学的，他们既然有多余的时间去证明敌人的学说，为什么不想办法使我们下一点雨呢？”

那个时候，巴西这个地方，因久旱不雨而苦恼着。

另一方面，埃丁顿队早在一个月前，便已在普林西佩岛忙着装设观测仪器了。

“但愿那一天是晴天。至少，我们要观测的那段时间要晴朗才好。”他们都担心着天气的好坏。

到了那一天，凑巧是阴天，这对于观测是不适宜的。当月影掩盖了太阳的时候，太阳的周围出现了光芒。正如在没有星光的黑夜里，月亮戴着帽子出现一样。

“糟糕！”埃丁顿爵士叹了一口气。但他们只好把预定的照片继续拍下去。

咔嚓……按下按钮。换底片，又拍一张……间隔一定的时间，一共拍了十六张照片。

当日全食快终了的时候，云层散开，星光也就闪烁起来了。因此，在所拍的十六张里面，有一张把五颗星星拍得很清楚。

“这张总算对观测工作有用处了……到索布拉耳的观测队不晓得成绩怎么样。”

他们把所拍的底片收拾妥当，带回伦敦。幸好，巴西的索布拉耳地方是晴天，所以能拍到十六张完好的照片。在伦敦，专家们把它们拿来和没有太阳时所拍的照片，做精密的比较。

爱因斯坦的预言到底能不能获得证实？全世界的学者屏息等候着研究结果的发表。但有一个物理学者例外，他似乎对这些事情漠不关心，仍旧口衔烟斗，专心做着别的研究——他就是爱因

斯坦。

一九一九年十一月六日——这是一个伟大的日子。

这一天，由皇家天文学会与皇家学会联合主办，在皇家学会的礼堂举行观测结果报告会。主席是有名的物理学者汤姆生教授。在主席台后面有一座很大的牛顿的塑像。汤姆生教授就站在塑像前，报告这次实际观测所得的结果。正如爱因斯坦所预言的，星光有一点六四秒的曲折（爱因斯坦最后的预言是一点七秒）。

主席汤姆生用庄重的态度说道：

“相对论是人类思想史上最伟大的功绩之一。它并不是一个海上的孤岛，而是新科学思想的一个大发现。自从牛顿发现它的原则以来，这是有关重力的最伟大的发现。”

英国出生的伟大科学家牛顿的塑像，从主席台后面俯视着这个历史性的会议场面。

“我死后二百年，终于出现了一位超越我的大科学家了。”牛顿在天之灵，一定这么想的。

这个消息传到了德国，学士院里充满了欢呼的声音。

“恭喜，爱因斯坦教授。”大家都很愉快地向他道喜。

“现在已经证明你的理论是正确的了。你很高兴吧？”

爱因斯坦从口里取下心爱的烟斗，显得不胜诧异地答道：“我并不需要证明。需要证明的是别人啊。”

第二天的伦敦《泰晤士报》用两大标题写道：“科学的革命

——牛顿的学说被推翻了。”并且详细地报道昨天学会会议的新闻。

好像是在森林里放了一把火一样，新闻报道很快传遍了世界的每一个角落。爱因斯坦在一夜之间成了名。报纸杂志都竞相刊载着他的生平事迹。

《柏林画报》刊印了爱因斯坦的全页大的照片。为了沾一点伟人的光，很多新出生的小孩被取名为阿尔拔。命名为“相对性”的香烟销路特别好。

于是，喜欢留在宁静的公寓里独自思索的科学家，忽然成为新闻记者、搜集签名的人、摄影师以及其他好热闹的人的包围对象了。用世界各国语言写成的信函，每天成十成百地被送到他那小小的公寓，堆积如山。好莱坞愿意以巨额的金钱为报酬，请他允许把他的故事拍成电影。

“全世界都发疯了。”爱因斯坦自言自语地说。夫人的工作，就是要保护这位可敬的科学家，但如今，夫人也真想要辞职不干这个差事了。因为见不到爱因斯坦的人，都要找夫人的麻烦。每当夫人从街上回来，在电梯旁必定有几个访客守候着。

“做一个伟人的太太，你有什么感想？”“爱因斯坦教授早晨吃什么东西？”“一天工作几个钟头呢？”“晚上睡得很好吗？”他们总是提出这些无聊的问题，使夫人感到难以应付。

后来，爱因斯坦终于接受伦敦《泰晤士报》的邀约，写了一篇论文，《相对论是什么？》于十一月二十八日发表。在这篇文章的结尾，爱因斯坦写道：

> 我的理论的优点，在于它的结构之美。可是，大家不要以为牛顿那伟大的事业，将会被这些理论推翻掉。
>
> 《泰晤士报》所刊载关于我个人或我的环境的报道，全是记者先生有趣而活泼的想象力的产物。如果依从读者的兴趣来应用相对论，那我们可以说：今天我在德国被认为是德国的科学家，而在英国却被称为是瑞士籍的犹太人；假如有一天我不受欢迎，那么，我在德国便会被认为是瑞士籍的犹太人，而在英国就会被认为是德国人了。

没想到，不久之后，爱因斯坦这段讽刺性的话竟成了事实。

世界的旅客

SHIJIE DE LÜKE

爱因斯坦不但是位伟大的科学家，也是一位和平的提倡者。

提倡和平

这时的爱因斯坦四十岁，他已成为名满天下的人物了，许许多多的国家、团体颁给他奖状和金牌，但爱因斯坦并不在乎这些，他还是专心做着他的研究。

他所关心的，是充满在世界各地的苦恼。当时第一次世界大战刚刚结束，欧洲已成为废墟。被轰炸的房屋需要重建；被破坏的铁路和桥梁需要修复；孤儿也需要救济。田园荒芜、家畜散失，一般民众在饥饿线上挣扎着。

“我有什么办法呢？”爱因斯坦叹息着。他不过是一个纯粹的科学家，现在他成名了，虽然他不重视“名声”，可是如果他站在讲台上，一定会有很多听众的，至少，他可以分析世界的局势，提倡和平。

那时候战争结束没有多久，各国人民对德国还是怀有敌意。不过，英国、美国、法国对于战时爱因斯坦曾经拒绝在“德国九十二位知识分子宣言”签名的事情，都知道得很清楚。要他去讲演的邀请书，从世界各地如雪片般飞来。

早先，爱因斯坦已接受巴黎天文台的邀请。他向来就是不拘小节的，他带着小提琴和一个手提皮包，搭上火车的三等车厢。三月的气候仍是相当寒冷。爱因斯坦翻起灰色大衣的领子，把帽子戴在蓬松的头上，然后下车走进月台。

“嗨，苏洛宾先生！”他很亲热地打了招呼。

苏洛宾是爱因斯坦在伯恩专利局任职时代，和贝索、哈比希特等人同为他的亲近朋友之一。

“欢迎你的光临……不过，这里有一点小麻烦。”苏洛宾压低声音说道，“刚才我来到车站的时候，看到有一群学生聚集在那里。听说那些学生是激烈派的分子，他们预备要把你轰走呢。”

“那真讨厌。”

“你跟我来吧。我们可以躲开他们。”

苏洛宾便带着他从厕所的窗口爬出来，经过车站的后门直接往天文台去了。但在事后一打听，原来那一群学生是法国著名的物理学家蓝吉邦的儿子请来的，他为了要确保爱因斯坦的安全，所以邀集很多同学，在车站守候着呢。

“本来我们是打算热烈地欢迎爱因斯坦先生的，谁知道由于小小的误会，却让贵宾跑掉了。”学生们苦笑着回来了。

更闹笑话的是天文台的欢迎人员。他们顾虑到途中的安全，特地派出两位委员到边境去接爱因斯坦，以便护送他到巴黎。但他们却看不到爱因斯坦的影子，因为他们没有想到爱因斯坦会坐三等车厢。这使他们两人急得像热锅上的蚂蚁一样。

因为他是战后第一位贵宾，万一发生了什么事情，那就糟糕了。两人惶恐万分地打电话回到巴黎。

“哈哈，用不着担心，爱因斯坦已经到达这里了。”

这一下，两位欢迎人员才放下了心，回到天文台向爱因斯坦赔不是。

“哪里，哪里，太对不起你们了，我有一点事要拜托你们……”

“什么事呢？”

“请带我去看看战场的遗迹。”

天文台的人们互相望了一下，说：“只要你有兴趣，我们当然陪你去的。不过，外边还很冷哪。”说完，抬头看看窗外寒冷的景色。

“没关系，我穿了大衣。”

一会儿，汽车在寒风凛冽中开向巴黎的郊外。爱因斯坦把脸紧贴在玻璃窗上，望着外面的景色。在小麦田里，还可以看到很多战壕的痕迹。

新的军人公墓里，白色的十字架排成很长的行列。

他访问了多尔曼。一九一八年，福煦将军曾在这里设置总司令部。在途中，汽车所经过的道路两旁，净是些残破不堪的房屋，

被炮弹炸开大洞的墙垣以及因受毒气熏染而枯萎的树木。

这位爱好和平的科学家看到这些情景，悲戚地摇头叹息，说道：

“应该让全德国的学者们看看这些景象。”

然后，车子开往雷姆市。雷姆市在战时曾被德军包围，并且受到德军残酷的炮击，直到一九一八年由盟军解围为止。那完全是一个废墟。爱因斯坦走遍那被破坏得一塌糊涂的市街，仔细观察。

到了中午，爱因斯坦和引导的人走进一家小旅馆的餐厅。旁边那一张桌子，有两个胸前佩戴勋章的军官和一个贵妇在吃饭。他们好像察觉到进来的是爱因斯坦，但他们为了保持礼貌，在吃饭的时候不敢惊动他。

当爱因斯坦吃完了饭，走到那张桌子旁边的时候，军官和贵妇都站了起来，向他行了注目礼。

爱因斯坦在巴黎举行公开演讲那一天，只限于持有招待券的人才能进场，前任总统潘路贝亲自站在会场的门口，逐一地核对进场的听众，可见是多么的郑重其事。那天裴鲁格逊、居里夫人等人也都到会了，真是盛极一时，另外并举行了讨论会。

但是关于由法国学士院招待爱因斯坦的事情，又发生了一个问题。爱因斯坦并不是法国学士院的会员。因此，即使是邀请他来，也只能请他坐在一般的旁听席上。

那么，先推荐爱因斯坦做名誉会员不就好了吗？但有些人却坚决主张，认为德国还没有参加国际联盟，所以，绝对不能推荐爱因斯坦为名誉会员。

终于，三十名反对者摊牌了，他们声称，如果爱因斯坦进入学士院，他们就要集体退出会场。由于爱因斯坦自动地谢绝了邀请，所以，这个问题也就不了了之了。后来报上出现了下面这样尖刻的责难：

“假如德国人发现了癌或者结核病的治疗法，那三十位大学者是不是也要延缓采用这种治疗法，一直到德国参加国际联盟为止？”

犹太人滚蛋！

爱因斯坦怀着沉重的心情，回到德国来了。但是，在德国却在发生另一件令人厌恶的事情，那就是对于犹太人的排斥。

原来，爱因斯坦在少年时代，并没有意识到自己是犹太人。大学毕业的时候，才使他想起这件事。为了这个血统，差不多有半年的时间，因为找不到工作而几乎饿死。他来到柏林以后便发生了战事，德国人对犹太人的排斥更加激烈了。

“全是由于犹太人，我们的生活才这样的苦。”他好几次听到民众的这种说法。当德国战败了，他们又说：“因为犹太人的背叛，我们才打了败仗。由于犹太人的缘故，我们面临饥饿的威胁。”凡是坏事，他们都把责任推到犹太人的身上。在过去这一段时间，爱因斯坦总是尽可能地远离实际运动。他的本分是研究科学，他生怕因为参加实际运动而影响他的研究工作。但到了一九二一年，爱因斯坦终于下了决心，为了犹太人的利益，他要亲自站在阵头参加战斗了。

那时候，正是希特勒上士及少数血气方刚的青年，在慕尼黑的酒吧间，就德国重建问题热烈地讨论着的时期。

同时，在柏林，正由爱因斯坦及威兹曼博士等少数人，就犹太人问题秘密地交换着意见。威兹曼博士是一个著名的科学家，战时他曾在英国的曼彻斯特大学担任化学教授。他是犹太民族运动的创始人，后来，在第二次大战后，成立以色列共和国时，便被选为第一任总统了。

第一次大战之后，犹太民族运动的重点，是要将巴勒斯坦建设为世界犹太人的文化中心。很多前途有为的犹太青年，就是想要接受高等教育，也由于种族的歧视，而不能完成他们的志愿。爱因斯坦早就对这个问题感到非常遗憾，他认为这种种族的迫害，从人道的立场说来，是一种可耻的行为。他之所以参加犹太民族运动，也是由于这个缘故。

“如果有了一个犹太人的文化中心，由于它能谋求全世界犹太人的利益，则所有犹太人在道德上、政治上的地位，将获得显著的改善。”爱因斯坦曾这样写道。

爱因斯坦依旧在普鲁士皇家学会继续他的工作。但德国国内的情况是一天比一天险恶。排斥犹太人的运动，渐渐地扩大，连学生都要妨碍他的讲课。

“打倒犹太人！”

“赶走犹太人！”

就是被授予再大的荣誉，爱因斯坦也能泰然处之；同样的，就是被人再恶毒地谩骂，他也一点不感到惊恐。不过，一想到要同那些无知的群众作对，他便感到沮丧。

第一次世界大战后，德国人之所以对爱因斯坦怀着反感，有两点理由：一是由于他是犹太人，二是由于他爱好和平。对这两点，爱因斯坦是无可奈何的。要爱因斯坦不要做犹太人，那是办不到的事；至于他所以爱好和平，并不是从理论来的，而是由他那人道主义的性格所产生的。

“我主张和平，是由于一种直觉的感情。‘杀人是一种卑鄙的行为’这个念头，始终缠住我不放。我的态度并不是由知识上的理论而来，而是基于对残酷、憎恨的深切的反感。也许有一天，我会把这种反感予以理论化。但那也不过是次要的事罢了。”

于是，爱因斯坦的声望越高，他的敌人也就越来越多了。甚至于成立了一个团体，以专门反对爱因斯坦及其理论为唯一的目的。

这个团体的首脑是一个叫保罗·威兰的人。这个人的经历、背景如何，不太清楚，但不知从哪儿来的资金，他却发动了颇为活跃的反对运动。这个团体的第一次大会在柏林的音乐厅盛大举行。他们张贴的海报，就像大音乐会的广告那样豪华。

不管哪一个国家都有喜欢热闹的人。在热烈的掌声和捧场声中，能听到演讲人激昂的声音：“他那所谓相对论，实际上并不

是理论，而只是小说。不承认绝对的，是科学本身的自杀。”

会场里有一个人，听到这些议论，便兴高采烈地同大家一起鼓掌，觉得很好玩。仔细一看，那人竟是爱因斯坦哪！

爱因斯坦就是这样一个有高度幽默感的人。

然而，随着这种反对情绪的日渐增长，爱因斯坦即将离开德国的消息，便在社会上流传开来了。当有人问他是不是真的要离开柏林的时候，爱因斯坦微笑着答道：“假如我这么决定了，你会感到惊异吗？我现在的处境，正像是睡在铺着玫瑰的床上：看来很写意，但是要忍受被刺之苦。不管怎么样，我想再静候一段时期，看看事态的发展。”

这个时候，感到最困窘的是德国政府。那是依据威玛宪法成立的共和国政府，当时是由社会民主党执政。假如因为国内少数反动分子的迫害，而失去德国最引以为豪的科学家，那将是多么羞耻！

教育部长非常关心这件事情，所以，特地写了一封信和爱因斯坦商量。爱因斯坦立即回信说：“坦白地说，对于这些问题，我感到很不愉快。但我还没有立即离开德国的意思。在德国，我有朋友、亲戚和家庭，而更重要的是，这里有世界上最珍贵的科学研究的同僚。”

后来和教育部长商量的结果，为了彻底解决问题，爱因斯坦终于决定归化德国了。

会晤老友

一九二〇年五月五日，有一个头发蓬松、粗大的鼻子下面留着胡子，看来像是艺术家的人，在荷兰莱登大学的大礼堂里，面对着一千四百个教授和学生在讲演。不用说，他就是被特地从德国请来的爱因斯坦。

在战时，忍受不住军国主义的压迫时，爱因斯坦便常到荷兰找老教授劳连兹。最近柏林的一些风风雨雨，使他感到厌烦透了。幸好有许多国家邀请他去讲学，他便趁这个机会，选择这个宁静而美丽的莱登，作为讲学旅行的第一站了。

一九二一年的年初，爱因斯坦前往布拉格，他曾在那里的大学当过教授。捷克在战后获得独立，总统是马沙立克，布拉格市便是这个新兴国家的首都。

接替爱因斯坦所留职位的法兰克博士还在布拉格大学。法兰克到车站迎接爱因斯坦，并小声地向这位老朋友说："你如果住在旅馆，一定会被人打扰，你会感到吃不消的，不如到我家里来住吧。”

“谢谢。听说你结婚了？”

“才结婚不久哩。怎么样，来不来？”

“那就麻烦你了。不过，现在正闹着房荒，你怎么能找到房子？”

“你以前用过的研究室——我们就住在那里呀。”

“那就更值得怀念了。打开窗户，是不是还能看到那些精神病人？”

“是的……你又可以看到那些人了。”

两人边说边笑，很快地离开车站，消失在人群中了。

记者们花了整夜时间，找遍了每一家旅馆，还是未能发现这位伟大的科学家。那是当然的，那个时候，爱因斯坦正在以前用过的研究室里，和老朋友说新话旧，一直到深夜。

第二天早晨，法兰克博士问他昨夜睡得好不好，爱因斯坦满脸笑容地答道：“我真像住在教堂里。在这样宁静的房间里熟睡了一夜，醒来觉得特别爽快。”

吃完了早饭，两人一起到警察局，按照规定申报外国人居留手续，然后访问捷克大学的物理学研究室。研究室的人看到这位不速之客，比较着墙上所挂的画像和他本人的面貌，都高兴极了。

“我们去泡咖啡馆吧。”走出研究室，爱因斯坦便说。

咖啡馆是布拉格名胜之一。这里的人，看报纸、杂志，约见朋友，商谈生意，乃至政治上、社交上的集会，都要利用咖啡馆。也有人边饮咖啡边写信，也有学生到咖啡馆来看书，准备考试。

“我们要多跑几家咖啡馆，看看这里有些什么变化没有。”于是两人一家又一家地走遍了街上每个角落。

“回头买些吃的东西回去吧。太过于麻烦夫人也不好。”说着，爱因斯坦走进牛肉店，买了些牛肝回家。年轻的法兰克夫人便用实验室的文生灯来炸牛肝。这个新家庭，真是充满了科学气氛。

两位教授热烈地谈论着物理学的问题，忽然，爱因斯坦站了起来，走近夫人，说：“夫人，你怎么用水来炸牛肝呢？要炸牛肝，水的沸点是太低了。你应该用奶油或其他油类等沸点较高的来炸才对。”

法兰克夫人从学校毕业才没多久，所以对烹饪没有什么研究，由于爱因斯坦的指导，那一天做的菜总算没有失败，而这段故事也就成为法兰克家的家传笑谈了。

每当话题转到“爱因斯坦的理论”时，法兰克夫人便会想起他那套关于煮牛肝的理论，而觉得好笑。

那天下午的公开演讲，挤满了听众。懂得相对论的人不会有这么多，其中大多数的人都是想看一看这位著名人物的真面目。司仪和演讲人都要挤开人潮，才能进去。

演讲会之后，接着是晚宴。许多人轮流站起来致词欢迎，然后，

该由爱因斯坦致谢词了。他站了起来，说道："我想，与其讲一大篇话，倒不如用小提琴演奏一曲，各位也许更能明白我的心情。"说完，他奏了一曲莫扎特的奏鸣曲。

事实上，爱因斯坦的琴艺已经达到炉火纯青的境界了。为了救济犹太人，他也曾举办小提琴演奏会，来募集捐款。

有一次，他在德国的乡间举行慈善音乐会。第二天打开当地的报纸一看，音乐记者的批评写道："爱因斯坦的演奏，的确很不错。不过，世界第一流的评价，是太过分了。像他那样的演奏家多的是呢。"

显然，那位批评家不知道爱因斯坦原来是"世界第一流的科学家"。

又，当爱因斯坦的慈善演奏获得很高的评价以后，有一家杂志写了一段有趣的报道：

"据说，因为近来爱因斯坦忙于开音乐会，已经由克莱斯勒（著名的小提琴家）接任物理学教授的职位了。"

爱因斯坦从布拉格前往维也纳。

在中欧曾经有过辉煌历史的哈布斯堡王朝，她当年的荣华富贵，如今已消失无踪；音乐之都维也纳，现在已变成奥地利这个小共和国的首都了。虽然如此，维也纳仍旧是值得留恋的城市。

大学时代的老朋友亚德勒就在维也纳。亚德勒曾因刺杀首相史丘尔基伯爵，而被判处无期徒刑，但于一九一八年十二月，被战败后新成立的政府释放，现又在政界活跃着。

亚德勒在监狱里也曾作过批评相对论的论文，可见他并没有丧失掉对科学的热诚。但战后的奥地利要做的事太多了，当然不能让这位政治家去过那种安逸的研究生活。

“喂，亚德勒！”

“哦，阿尔拔！”

两个好友兴奋地握着手。但他们两人之间，再也不会出现科学上的话题了。对于爱因斯坦来说，老友亚德勒已经变成一个遥远的存在了。

在维也纳迎接爱因斯坦的，是物理学家埃连哈夫特。他是一个纯粹的实验派，除非他亲自看到的事物，否则绝对不相信，他和理论派的爱因斯坦，正好站在相反的立场。但爱因斯坦对于这种人的主张，也感到莫大的兴趣。他觉得：也许能从这种审慎的实验当中，获得宝贵的理论的端绪。

埃连哈夫特夫人也是一个物理学家，同时也是奥地利妇女教育的权威。但夫人对于爱因斯坦这种极端简朴的行装，也感到惊讶不已。

她万万没有料到，世界第一流的科学家，竟会只带一个小提包和一只小提琴来临。衬衫的换领也只有一个。

“你别的行李呢？”

“没有了，总共只有这些。”爱因斯坦满不在乎地回答。

埃连哈夫特夫人照顾得很周到，她为了让爱因斯坦上台演讲时体面些，把他仅有的两条裤子中的一条，送到洗衣店洗烫得清洁笔挺。然而，到演讲会场一看，爱因斯坦却穿着另外一条又皱又脏的裤子，毫不在乎地站在讲台上。

晚上睡觉时，夫人在床下摆了一双拖鞋。但第二天早晨，爱因斯坦却赤着脚走到餐厅来了。

“呀，我不是给您准备拖鞋了吗？”

“是吗？反正对我来说是多余的。”他回答得很悠闲的样子。

后来听说，他在家里的时候，也懒得穿拖鞋。假如来访的客人是很熟的朋友，他总是赤着脚接待客人。

在维也纳举行的演讲会，听众多达三千人。在这样众多的人面前讲话，对爱因斯坦来说，还是第一次。

横渡大西洋

一九二一年四月里有一天的早晨，鹿特丹号开进纽约港的时候，码头上有一大批的新闻记者正在等候着。

爱因斯坦到底是怎么样的一个人？……

不晓得肯不肯坦白地答复我们的问题？……

也许有一些“保镖”会筑起人墙，把这位伟大的科学家藏起来？……

“啊！就是那个人！”

出现在船桥的是一个身材不怎么高、肩膀宽阔、体格瘦弱的人，与其说这个人是科学家，倒不如说是一个艺术家来得恰当些。

很大的黑眼睛，秀丽的前额，蓬松的头发在微风中飘摇着。

不错，他就是爱因斯坦。他穿着浅灰色的雨衣，戴着宽边的呢帽，右手拿小提琴，左手拿着烟斗。

爱因斯坦静静地听着记者们连续不断的发问，然后开口说道:

“我是为了重建巴勒斯坦，并在那里设立一所犹太人的希伯莱大学，而特地到美国来请求援助的。”

他说得对。他是为了这个目的才和犹太民族运动领袖威兹曼博士一同到美国来的。

“不过，请问博士，您是科学家，对科学家来说，是不是应该以科学为第一要务？”

爱因斯坦摇了摇头，说：“不，应该是以人类爱为第一。固然，经过了这次的大战，科学方面受到了损害，但人类也蒙受了非常的灾难。所以，我们应该首先解救人类的痛苦。”

然后开始了例行的访问：“您能不能简单用两三句话来说明什么是相对论？”

这是到处都会提出来的问题，答案早就准备好了：“希望你们不要太认真，让我来做一个轻松的回答。以前大家相信，即使去掉宇宙里一切物质，时间和空间仍然要存留下来。但依照相对论，如果物质没有了，时间和空间也会同时消失掉的。”

第二个问题就更具体了：“据说，您曾说过：在世界上懂得相对论的人只有十二个。这是真的吗？”

“那是不对的，我没有说过这句话。我想，只要是研究过理论物理学的人，都能了解。我在柏林所教的学生，也都能了解。”

不过，这个答复，也许是爱因斯坦太过于乐观了。

“请问博士，像相对论这种难于了解的东西，却能轰动社会，

这是什么道理呢？”

爱因斯坦微笑着说：“这我也不晓得，我正想问问各位呢——不过，假如来了一个拳击明星，你们或许会更加欢迎呢。”

记者们都哈哈大笑了。

“看样子，我大概已通过这一关考试了。”爱因斯坦看了看左右。

下面轮到夫人接受访问：“请问夫人，你也懂得相对论吗？”

夫人睁大眼睛，答道：“我不懂，虽然阿尔拔给我说明了好几次……不过，这件事对我们的幸福，是无关重要的。”

夫妇两人和迎接的人一起到集会堂去。爱因斯坦仍旧是右手拿着小提琴，左手拿着烟斗，一副悠闲的神情。

汽车进入纽约市时，沿路挤满了欢迎的群众。他们看到爱因斯坦，便大声地欢呼。

“纽约上流社会的妇女们每年都有一种流行……今年最时髦的是相对论了。”爱因斯坦笑着说。

爱因斯坦在美国只逗留两个月，在这一段期间，他一分钟也没有浪费掉。他们夫妇和威兹曼夫妇都尽可能地会见更多的人，尽可能地访问更多的地方。

关于希伯莱大学的创建，主要是由威兹曼博士在演讲台上发挥他的辩才。爱因斯坦就像一个士兵那样的，怀着谦虚的态度跟随着他。

有一次，在某一个犹太人的集会上，爱因斯坦说："刚才，威兹曼博士为我们讲了许多有益的话。追随他吧，这样你们才有前途。我所有讲的话就是这些。"简单讲了几句，他便坐了下来。

爱因斯坦在哥伦比亚大学演讲了三次，在纽约市立大学演讲了四次。然后到华盛顿去会见哈定总统。

普林斯顿大学授予他名誉博士学位。在授予典礼上，赫宾校长说："我们要向发现'真理的新大陆'的现代哥伦布，表示最高的敬意。"

但爱因斯坦在这里一点也不像一个来宾。如果是别的学者，一定是按照预先排定的节目进行访问的。他们会匆匆忙忙地走过走廊，在来宾休息室摆架子吸雪茄，使大家感到莫测高深。爱因斯坦却仔细地参观学生的实验，并随时随地坐下来，和学生们做深入的讨论。

当时，大发明家爱迪生所编的《问题集》，正在美国受到普遍的爱好。

爱迪生认为：大学教育是没有必要的，大学里只教一些在实际生活上毫无用处的事情；你如果不相信，就拿下面这些问题，让大学生回答吧。及格的人，一定不多。于是，爱迪生出了一本《问题集》。

有一天，爱因斯坦住宿在波士顿的旅馆里，有人便拿这本问题集问他：

“请问博士，您能解答这些问题吗？”

说着，便指出其中的一个问题：“音的速度有多快？”

爱因斯坦却很坦率地答道：

“我不知道。这类事情，无论哪一种教科书上都有说明，你可以去翻翻书本。我不愿意为那些无聊的事情，使我的记忆力活受罪。难道硬记一些事实，就这样重要吗？当然，如果仅仅是为了记忆事实，是不需要上大学的。但是，大学教育的真正价值，并不在于知道某些事物，而是在于训练能思考出某些事物的头脑。这就不能光靠书本了。”

就这一点来说，爱因斯坦的看法，正好和爱迪生相反。

英国人的成见

一九二一年六月十一日的伦敦《泰晤士报》的社交新闻版上，刊登了下面这段消息：“爱因斯坦博士夫妇在英国逗留期间，将成为霍尔登爵士的贵宾。”

这虽然是一则简短的新闻，却是轰动社会的大事件。

霍尔登爵士在当时的英国，是一位拥有很大势力的政治家兼哲学家，而且又是科学的保护者。他是一个热心的英德亲善论者，战前曾到德国为和平而奔走，但由于德国皇帝没有善待他，终于爆发了世界大战。

现在战争虽已结束，但在英国人和德国人之间，仍然遗留着强烈的仇恨。刚好爱因斯坦在这时访问美国，霍尔登便邀请他在访美的归途顺便到英国来访问。爱因斯坦关心留在柏林的研究工作，很想早日回国。但又考虑到，如果由于他的访英，而对促进两国之间的友谊有所贡献，那也是值得的，于是便接受了霍尔登爵士的邀请。

爱因斯坦夫妇住进霍尔登爵士的公馆后，对于他那雄厚的财力，惊叹不止。宅邸里面好像是一座宫殿，仅仅是指定给他们夫妇住的房间，就比他们在德国住的那一栋公寓还要大。而且，他们的身边整天都站着制服穿得很漂亮的侍役。这真使爱因斯坦感到不知所措！

最后，夫人将他们打发走，才把爱因斯坦从困窘中解救出来。

在旅行期间，爱因斯坦要特别感谢夫人的照顾。

“在家里的时候，太太总是勤于家事，东抹西擦。但一到外边去旅行，就没有什么东西可以让她清洗了。这时候我就是太太唯一的‘家具’。所以，她随时都在我身边，好好地照顾着我呢。”爱因斯坦笑嘻嘻地说。

霍尔登爵士和他的小姐为爱因斯坦举行午餐会，英国各界的名流几乎都出席了。坎特培里大主教及皇家学会会长埃丁顿教授等人也都到了。大英帝国的首相因为另有要务不能来参加，特地来函表示歉意。

经过这一次由霍尔登爵士主持的欢宴后，英国人的成见渐渐地消除，各方的请帖不断地送来。他会见过战时的首相洛伊德·乔治，也和善于讽刺的文豪萧伯纳谈过，也见过数学家兼哲学家的怀海德。

和萧伯纳会见，给漫画家一个好材料。

画面是他们两人在谈话，旁边画附注的对白如下：

“爱因斯坦先生，你是不是真正能了解你所创的相对论呢？”萧伯纳问他。

“嗯，也不过就像你对自己创作的剧中人物的对话所能了解的程度而已。”爱因斯坦这样回答着。

在皇家学会举行盛大演讲会那一天，霍尔登爵士安然坐在台上，准备要把爱因斯坦介绍给听众。

讲堂里面弥漫着紧张的气氛。主讲人是以前的敌国——德国的科学家。这场演讲，是不是能平安无事地过去？

“希望不会出事情。爱因斯坦要用德语讲演吧？”

有一个德国人很担心地用德语问邻座的德国人。

“我看不要紧吧。因为事前大家都知道，他是要用德语演讲的。”

“不过，你看看那一些青年。他们都是来听相对论的吗？”

“他们是学生，他们是来向这位伟大的科学家表示敬意的。懂得德语的英国学生，也相当多呀。”

听众嘈杂的声音，霎时停住了。霍尔登爵士起立，要开始介绍。听众的秩序很好，但空气是冷淡的。

“我们英国人对本世纪最伟大的天才—— 爱因斯坦先生的到来，表示衷诚的欢迎。”

霍尔登爵士以这句话开头，大约讲了十分钟，但始终没有提到犹太人、德国人这类字眼。他为了给听众留下深刻的印象，用强有力的语句，结束了他的介绍词："……我们可以说，爱因斯坦教授正是二十世纪的牛顿。"

他讲完了话，讲堂里面只听到一些零零落落的掌声。

爱因斯坦向霍尔登爵士点头示意，站上讲台。这时候，讲堂里面又是一阵喧哗。但他一点也不在意。

他的声音很温雅、恬静，而富于魅力。而且，每当讨论科学问题的时候，爱因斯坦的眼睛，都会因兴奋而显得特别有神。

霍尔登爵士在介绍的时候说过："爱因斯坦除天才之外，还具备某些天分。"

那就是诗人的想象力。

爱因斯坦开始演讲了："本人有机会能在伟大的科学家牛顿的祖国的首都，做一次演讲，内心感到很愉快。"

他说道，科学是没有国界的；牛顿虽然是英国人，但他并不是单为了英国人，而是为了嘉惠全世界的人类，才从事那些伟大的科学研究。

听众的心肠稍微软化了，冰块似的成见也开始融化了。

爱因斯坦已经长了一些白头发。他今年才不过四十出头，但却具有一种像白发长者那种高贵的风范。他那平易近人的态度、渊深的学问和修养，就像磁铁吸引着铁片般地吸住了听众的心。

当演讲进入讨论主题时，在爱因斯坦的脑子里，看来已经没

有旁的念头了。他分析宇宙的现象，并把听众带引到那里去。听众忘了他们自己是正在听德国人演讲的英国人。他们忘却了一切，只感受着演讲人灿烂的天才。

他是科学家，他们也是科学家，不过，他比他们具有更丰富的知识；他们想从他那里学习更多的东西。

爱因斯坦的演讲结束的时候，热烈的掌声和欢呼声，震动了壮丽的讲堂。他终于完全打进他们的心坎了。“冰块”终于完全融化了。

纳粹暗杀队

相对论终于战胜世人了。

起初认为相对论太深奥、无法了解的人，如今也想要知道一点它的概要了。

住在巴黎的一个美国人，悬赏征求这样的论文："凡能用三千字以内通俗易懂的文字，说明爱因斯坦理论的人，给予五千美元的奖金。"

但要聘请论文的审查委员，可也不容易。因为三个字就有五元美金的稿费，大家都想去应征哩，而委员们又必须对爱因斯坦的相对论有深切的了解才行。

爱因斯坦开玩笑地说："我的同道里面没有去应征的人，大概就只剩我一个人了。因为我实在没法子做那样艰难的工作。"

到一九二一年六月二十一日的限期为止，一共来了三百篇论文。说也奇怪，这回征文的得奖人，是一个在专利局服务的六十一岁的老人。

同年秋天，在波茨坦的山丘上，建造了“爱因斯坦塔”。

依照相对论，时钟会因重力而走慢。换一句话说，从太阳来的光线，它的振动数应该要慢些。为了要用实验来证实这个理论，E.F 染料公司的勃绪博士便出资兴建这个塔。

塔的顶端有一种叫作“细罗斯塔特”的装置，不管太阳或星体从哪一方面发光，都能将它的光线直接送到塔里面。塔的高度有十八米，而塔本身就具有望远镜的作用，把光线导引到地下的实验室，用那里的分光器进行研究。

就像这样，相对论的研究，越来越盛了。但爱因斯坦回到柏林一看，德国正陷于危险的景况当中。

根本的原因是饥饿——由于世界大战而引起的饥饿。街头发生了暴动。一到晚上，便是流氓和强盗的天下。希特勒纳粹党越来越强大，穿着褐衫的“突击队”队员也越来越多了。到一九二二年，据说它的人数已经有数万了。

时常发生这样的事：下午外出的人，到晚上还不回来。第二天早晨，才被发现遗弃在水沟里。能找到尸体还算是好的，有些人连尸体都找不到。

伊丽莎夫人和女儿玛尔格特，越来越担心爱因斯坦的安全。她们对爱因斯坦说：“请您小心一点，不要独个儿出去吧。”

一九二二年六月二十二日，拉德诺突然被暗杀了。华尔塔·拉德诺是著名的 A.E.G. 电器公司的董事长；他本人是一个工程师，同时也是一个大政治家。他虽然有犹太人的血统，但却是一个爱国的德国人。在战时，他是德国实施计划经济的重要人物，他曾在粮食和军需品的统制方面，发挥他的才干。由于这个功劳，他才被任命为社会民主党内阁的外交部长。这件事引起希特勒和他的突击队不满。他们愤怒地吼道：

“什么？让犹太人当外交部长？笑话！德国是我们德国人的德国呀！”

那一天的天气很热。为了要出席一个会议，拉德诺离家正要到外交部去。突然，他发觉有一辆怪车紧跟在他的座车后面，车子上坐着三个男人。

一会儿，后面那部车子赶上来，刹那间，“砰、砰、砰……”如雨般的子弹打破了玻璃窗，他们还投进了手榴弹。

汽车被炸得粉碎，拉德诺当场死亡。那部怪车很快地消失掉了。

伊丽莎和玛尔格特听到这消息，不禁魂飞魄散。

“请您千万小心吧。听说，暗杀团宣称：干掉拉德诺以后，下一个目标就是您或是威兹曼博士呢。”

“你们说得也对，我们最怕的是愚蠢的人和疯子。”

说是这么说，爱因斯坦仍旧每天走过菩提大道，到学会去。

“万一在您身上发生了不幸的事情，那将是国际学术界的一

大损失。我们随时都为您保留着教授的职位，希望您能到我们学校来。”

像这一类的信，从世界各地如雪片飞来。但爱因斯坦仍无意离开柏林。

遇到有外国邀请他去讲学的时候，伊丽莎和玛尔格特便感到高兴。她们总是劝爱因斯坦无论如何要接受邀请。她们固然知道，讲学日程一结束，他立即要回国来的，可是，即使是一段短时间，他的安全也就可以得到一些保障了。

到底为了什么，纳粹党这么痛恨这位温柔而爱好和平的人呢？况且爱因斯坦还是战后头一个扬名于世界的德国人哩！

因为，一想到首先替德国争取国际声誉的竟是犹太人，纳粹党徒便不服气了。

于是，爱因斯坦的处境越来越危险了。但只要是为科学、和平，或者是犹太人的利益有所贡献，他就不怕任何危险，什么地方都愿意去。

诺贝尔物理学奖

一九二二年的秋天，爱因斯坦到日本旅行。在归途中，他访问了巴勒斯坦。

巴勒斯坦是地中海沿岸一个细长的地区，它的土地狭小，三面被阿拉伯国家包围着。一九一九年，第一次世界大战以后，国际联盟将巴勒斯坦委交英国统治。这时巴勒斯坦只有六万名犹太人，后来各地犹太人纷纷返回故土，准备复国。

但问题并不是这样就能解决的。犹太人和阿拉伯人之间的纷争，由来已久，两个民族之间的关系，因此更加恶化了。另一方面，在阿拉伯的领域里，有着丰富的油田，因此，欧洲盟国也不得不讨好阿拉伯人。

当时的巴勒斯坦总督萨姆埃尔子爵是犹太人。英国选派一个犹太血统的总督，由此表示出英国人对犹太人的好感。但以总督的立场来说，因为自己是犹太人，更要对阿拉伯人公平一些。所以，这个总督职位实在不好做。

爱因斯坦夫妇住在总督官邸里，总督官邸就像宫殿那样的豪华。因为总督是英国皇帝的代理人，所以为了要表示总督的威严，当总督外出的时候，官邸里面先要鸣放礼炮。浩浩荡荡的行列，是由骑兵队开道的。在总督家里的生活，也像中世纪的宫廷那样的讲究礼节。

伊丽莎夫人终于感到吃不消了：

“我是一个朴素的德国家庭主妇。只要能把家里收拾得干净整齐，我就满足了，像这样的繁文缛节，我是吃不消的。至于我的先生，那又另当别论了。因为阿尔拔已经成为社会名流了，即使他违反了礼节，大家都会因为他是一个天才而原谅他；但要是我，大家都会说那是由于涵养不够。”

两年前，由爱因斯坦和威兹曼博士一同到美国去募款来设立的希伯莱大学，已经完成一大半了。它设在耶路撒冷北方的橄榄山上。

天气晴朗的时候，从这个圣地中央的小丘上，东边可以看到摩亚布的山峰，向南可以看到约旦河静静地流入死海。

希伯莱大学的破土典礼是在一九一八年举行的，但直到一九二五年才全部完成。现在在这个小山上已经有十五栋现代化的建筑物，有将近一千名的学生在求学。

“希伯莱大学能由世界最权威的大科学家来担任最早期的课

程，这将给本大学带来光明的前途。”萨姆埃尔总督说。

就这样的，在大学正式开校的两年前，便由爱因斯坦登上讲台，演讲相对论了。

然后，爱因斯坦又到地中海沿岸的威拉希布，参观正在建设中的犹太人城市。那里有现代化的建筑物、娱乐场所、工厂以及设备完善的学校等各种建设。

看了这些进步的景象，爱因斯坦的脑子里，浮现出那些局促在欧洲各大城市角落的肮脏犹太区的情景。

“只要让他们自由地干下去，犹太人也能建设这样的都市。”他一想到此，真是感慨万千。

在巴勒斯坦的归途中，他又接到西班牙马德里大学的邀请。爱因斯坦本想早一天回到研究室去，后来还是由于夫人的劝告，才决定到西班牙去走一趟。

在西班牙所受到的欢迎，也是够热烈的。爱因斯坦被邀请到亚尔芬瑟十三世陛下的宫殿，并且被推举为科学院的院士。

在这个典礼席上，教育部长说：“如果教授和夫人不愿意住在德国，我们西班牙随时都准备着一栋新房子，等候你们的光临。”

马德里大学的校长将名誉博士的学位分别赠予爱因斯坦和伊丽莎夫人。

“这场美梦还没有醒以前，让我们多享乐一番吧。”伊丽莎夫人向丈夫说。

一九二二年十一月十日，正当爱因斯坦在前往日本旅行的途中，诺贝尔奖金委员会决定要颁授诺贝尔奖给他。对于像爱因斯坦这样的大学者，这个时候才要给他诺贝尔奖，听来的确有点奇怪，不过，这是有着一段缘由的。

依照诺贝尔的遗言，物理奖应颁给“在物理学方面，完成对人类最有贡献的发明或发现的人”。而爱因斯坦的相对论，到底算不算是“发现”，对人类是不是有贡献等等，就发生疑问了。而且，对相对论的批评，也发展成政治问题了，所以，瑞典学士院和诺贝尔奖金委员会，都采取非常慎重的态度。

但像这样一直拖下去，不颁发诺贝尔奖金给爱因斯坦，那将影响到诺贝尔奖本身的权威。

经过一再的商讨研究，终于决定要对他的“光量子论”颁赠诺贝尔奖金。“光量子论”没有像相对论那样被激烈地反对过，而且它确可以说是一种“发现”。于是，奖状上面所写的文句，便决定为：“为褒扬对光量子学说以及理论物理学的功绩……”

就这样的，爱因斯坦便于一九二三年七月，在哥德堡举行的斯堪的那维亚科学家会议上，瑞典国王亲临观礼之下，接受了诺贝尔奖金，并且发表演讲。

但他好像没有把它当作一件光荣的事情。事实上，他始终没看清诺贝尔奖金附赠的金牌到底是一个什么样子。

他把领到的奖金，全部送给前妻和两个儿子，作为他们的赡养费。

当他回到了本国，种种强迫、恐吓立即围绕在爱因斯坦身边。

“离开德国吧！否则你就没命！”像这一类的恐吓信，不断地寄来。这些都是曾经暗杀拉德诺的那一批人写的。

“这真不是好玩的。你暂时到国外去避避风头吧。”

经伊丽莎夫人和朋友们一再的劝告，爱因斯坦终于同意暂时到国外去。他请两个强壮的犹太人做护卫，搭上开往荷兰的火车。

只要能到莱登大学就没有问题了。伊丽莎夫人放下心，让他一个人去旅行。

然而，爱因斯坦仍然不放弃他那鼓吹和平的主张。尽管希特勒和突击队再三地对他恐吓，他还是照样说他想说的话。

经过了一段时间，得到夫人和朋友们的同意，他回到柏林，立即又恢复他的研究工作。和过去一样，他虽然不担任固定的课程，但除了偶尔举办的以一般大众为对象的讲演之外，他还要对专攻这一门课程的学生做深入的讲解。

对大众的讲演很受一般人的欢迎。

现在，爱因斯坦已和布兰登堡门、吉格沙雷，同成为柏林“名胜”之一了。

“听说你到柏林去游览过是不是？有没有去听爱因斯坦的讲演？”诸如此类的，到柏林游览顺便来听讲演的人，渐渐地增多了。

有时候，他看到听讲的人愈来愈多，便说："我在这里暂时停止讲演，有事情的人可以回去了。"

经他这么一说，只有经常来听讲的八九个学生留下，其余的人便陆续地回去了。

在这期间，爱因斯坦的理论仍在继续地发展。但是，他回到柏林还不到一年，生命又面临危险了。

爱因斯坦在过去已经完成多大的功绩以及他正在做着对人类有多大贡献的研究，这些事实，完全不在希特勒和他的党徒们的眼中。

伊丽莎夫人对于来访的客人，不得不更加注意了。有一天，来了一个叫作玛莉·狄金逊的妇人。夫人看到她的形迹可疑，便先问她有什么事情，这个妇人硬是不肯说明自己的身份，一味要求会见爱因斯坦教授。

夫人立即打电话报告警察。就在这时，这个怪妇人突然拔出一支别帽子用的大别针，向伊丽莎夫人刺过去。

"你要干什么！"夫人很机警地捉住她的手腕。两人正在争执的时候，警察赶到了。这个女人立即被制服，并且被送到疯人院去鉴定精神有没有毛病。

这是一九二五年二月间的事情。三月间，爱因斯坦从汉堡港搭船去了巴西。

他是接受阿根廷的布宜诺斯艾利斯大学的邀请，要去讲学的。

夫人和女儿这一下又松了一口气。在这数星期里，爱因斯坦的安全便可获得保证了。

风雨中的巨人

FENGYUZHONG DE JUREN

尽管纳粹不断地迫害，爱因斯坦始终威武不能屈，仍然专注研究工作。

在恩加坦病倒

出外旅行的时间如果拖得太长，即使是游山玩水，也是很容易疲劳的。况且，爱因斯坦的旅行除了事先约定的讲演之外，还有一连串的欢迎会、招待会等等应酬。而且，在这样忙碌的情形下，他仍旧一天也不停止研究。

他在一九二三年二月发表的论文里，有这样的记载：“一九二三年一月，于哈路那号船上。”

这一定是在日本逗留的期间从事研究，而在归途的船上写成的论文。他连续不断地工作，忘却了疲劳和休息。

另一方面，爱因斯坦也未曾忘记为社会、为人类贡献出他的力量。举例说，他曾写信给美国总统胡佛，恳求特赦因斯哥保罗案被判死刑的八个黑人。因为一般人相信，这八个黑人并未受到慎重的审理，而且由于种族的偏见，很不当地被宣判重刑了。

像这样的，只要是他能做到的事，爱因斯坦都要为社会人类服务。偶尔散散步，或者独自拉上一两个钟头的小提琴，便是他心灵休息的方法。

据爱因斯坦的朋友兼私人医生埃尔曼博士说：“关于爱因斯坦教授的健康，唯一的缺点是他心肠太好了。他只留意到怎样替别人服务，而忘掉为自己设想。他真是一个好心肠的人。

“有一次，我们谈到位于热带的印度的山色美景。那个时候汽车还很少，我便问他是不是坐人力车去的，他回答说：‘哪里的话，我是走路去的。’然后他收敛起笑容，继续说道：‘我从来没有坐过人力车。自己坐在车上让别人来拉，那简直是把人当畜生看待嘛。’”

一九二七年那一年，爱因斯坦才四十八岁。所以，这以前虽然工作忙碌，仍然能保持健康。就在这一年，他患了轻微的风湿病。

“我的病没有什么要紧。倒是，你的风湿病却使人担心哩。我们一起到吕克的温泉去休养一下吧。”爱因斯坦说。

夫人对丈夫的关怀感到很高兴，但使她更高兴的是，这位不知休息的科学家，如今竟也想到要找出时间来休养了。

瑞士的吕克，是在流注日内瓦湖的龙河岸的美丽小城，流经这一带的龙河，并不像在国境内的洋洋大河，而是汇合从山上急降而下的支流，在阿尔卑斯山中的岩石间聚成的一条曲折河川。

从吕克镇搭里普隆铁路向山上开行十六公里，就到吕克温泉。这是海拔一千五百米的高地，气候温和，一年到头都有前来疗养的旅客。

但有一件事情令夫人感到不满的，就是来到这样悠闲的温泉胜地，爱因斯坦还是不想停止他的工作。

“我真不懂，为什么大家老是要我停止工作。像这样轻微的风湿病，绝不能成为停止科学研究的理由。今年冬天，我的著作将要用许多国家的文字出版哪！”

第二年的秋天，爱因斯坦又到瑞士了。这回是被邀请参加在塔布斯谷举行的科学家会议作学术讲演的。

在塔布斯谷有许多别墅和医院。由于这个高地的干燥的空气，适合于疗养肺结核，所以也有很多养病的学生住在这里。

“那些养病的学生也要来听讲演吧！”

爱因斯坦觉得很兴奋，因为他能借讲演来安慰那些可怜的人们。

塔布斯谷的讲演结束以后，爱因斯坦又到恩加坦谷。爱因斯坦的脾气，夫人了解得最清楚，即使叫他不要去，他也不会听的。

“这一次我真的要休养一下了。”爱因斯坦在事先便声明一番。

恩加坦是欧洲风光最明媚的地方。在意大利蓝色的天空下，盛开着各色各样美丽的花朵，还有色彩鲜艳、构造美观的房屋散立在草原上。

然而，不顾事先的约定，爱因斯坦却做出他的能力范围以外的事了。

那个时候，有两个笨重的皮箱需要搬动，本来，只要请人帮忙就没有事，但爱因斯坦却说：“我自己来搬吧。”

于是将那笨重的皮箱，背起来就走。这一下可糟了。

听到这个消息，夫人急忙赶到时，爱因斯坦已被抬在床上，有气无力地躺着。

“爱因斯坦教授病情危急。”这个消息一传出来，许多亲友都很担心地赶到瑞士来了。

爱因斯坦在苏黎世静养了几个星期以后，已经没有多大危险了。在夫人及亲友们细心的看护下，他回到了柏林。

跟他有二十五年交情的埃尔曼医生皱着眉头说：“爱因斯坦教授的心脏本来是很正常的。现在他的心脏已经出了毛病，我想他一定是太劳累了。”

自从在恩加坦出过事情之后，爱因斯坦也承认自己是一个病人，需要注意身体的健康。因此有一个时期，他抛开了一切工作，躺在床上安静地养他的病。

渐渐地，爱因斯坦的健康开始恢复了，这完全得力于伊丽莎夫人的细心看护及严密的监督。

“恢复原来的健康以前，绝对禁止吸烟。”这是医生的吩咐。

要他和那心爱的烟斗告别，是一件很痛苦的事，但爱因斯坦毕竟要遵守医生的吩咐。

到一九二九年，他五十岁的生日快到的时候，他已经可以起身做些轻松的工作了。

五十岁生日

“在五十岁诞辰前夕，爱因斯坦将再发表新的理论。”这个消息又一次轰动了整个世界。

自从在恩加坦病倒以来，爱因斯坦很勇敢地和病魔苦斗着。他在病床上不但没有感到无聊，反而能尽情地享受那宁静的生活。就在这个期间，他初步完成那已经思索很久的“统一场理论”。

爱因斯坦发现：“重力”并非如牛顿所说的是一种与距离无关而迅速作用的“力”；而是同电磁气和光一样的，它的速度虽然非常快，总是以一定的速度渐渐地传播到远处的一种“力”。他把这个重力作用的场所，定名为“重力场”。

另一方面，马克斯威发现：电气和磁气都是发生在“场”里面的波，光也是其中的一种，并且由海尔兹用实验把它证明了。

不过这样说来，在同一个空间便会有电磁场和重力场两个东西存在着。“统一场理论”就是要把这两个“场”合而为一，用同一个理论来说明它。

这个理论如果真的完成了，那将是可以和相对论相提并论的大发现。

当然，爱因斯坦也不过是把这个理论做一个初步的整理罢了。但是当社会上一般人听说这位本世纪最伟大的科学家，将要在他五十岁生日那一天，发表一篇能解开一部分宇宙之谜的理论时，大家便热烈地期待着它的来临了。

“请您先把内容摘要告诉我们。”像这类电报，从世界各地的新闻杂志社拍来。

柏林哈贝尔兰特街五号的公寓里，立即被数百名新闻记者包围着。

后来他们打听到，爱因斯坦的论文已经送到普鲁士学会了。能干的记者想尽了办法，要偷一份校对稿，但是没有成功，只好等候学会的正式发表。

美国的一家报馆，命令他的特派员说：“那篇论文一发表，立即用传真照片把全文送回国。”

但当它被发表的时候，他们都感到很意外。这篇论文虽然只有三四页，但整篇几乎都是数字，除非是对这门学问很有研究的专家，谁也看不懂。

五十岁的生日快到了。看到外界这种近于疯狂的状态，爱因斯坦家里的人开始感到不安了。

虽说爱因斯坦的健康已经大体恢复，但到生日那天，假如来了一大批贺客和新闻记者，那将会使他吃不消的。

“我有一栋别墅在郊外的湖畔，你就暂时住在园丁的小屋里，避避风头吧。你看怎么样？”柏林的一位相识的富翁这样劝他。

“谢谢你，就这么办吧。”

“是不是家里的人全都去呢？”

“不，我一个人去吧。我太太要留在家里接待来访的客人呢。”

于是，爱因斯坦便独个儿搬进园丁的小屋去住了。这是很难得的机会，爱因斯坦这一下又能享受隐居的生活了，他自己烧饭自己吃，工作累了，就坐帆船在湖上游玩。

外界的人不晓得这回事，他们为了要庆祝这位本世纪最伟大科学家的五十诞辰，积极地进行筹备工作。每天有很多信件和客人。

“爱因斯坦教授怎么不见了？”客人感到奇怪，去问夫人。夫人总是笑而不答。

这么一来，市民们莫名其妙地骚动起来了。主角爱因斯坦不在家而要庆祝他的五十岁诞辰，这简直是和没有哈姆雷特出场的《王子复仇记》一样嘛。

因此爱因斯坦的秘书只好一次又一次地和来访的客人说明：

“爱因斯坦教授已于日前到郊外某地避寿去了，至于他的去处，教授禁止我们说出来，所以恕难奉告。”

生日这一天，夫人准备了许多爱因斯坦喜欢吃的菜肴。夫人和两个女儿及她们的丈夫要送的礼物，也都买好了。不管怎么样，这一天要全家人聚在一起，快快活活地过一天。

她们终于能够从公寓的后门偷偷地溜出来。伊丽莎夫人在园丁的小屋里摆好了餐桌，铺上桌巾，把带来的菜肴放好，大家围着坐下来。

这是多么祥和而愉快的场面！像这种情景，最能使爱因斯坦感到无限的快乐。

大家吃完了饭，伊丽莎夫人脸上现出笑容，说道：“阿尔拔，这是特别礼品，是今天才有的。”

那是一只烟斗。自从卧病以来，他一直就没有用过它，今天是他的生日，所以特别准他抽烟。

爱因斯坦手里拿起心爱的烟斗，在没有吸烟以前，先抚摸着它，脸上显露出喜悦的表情。忽然，外面传来敲门的声音。

“呀？是谁来了？”伊丽莎夫人站起身来，走到门边去开门。

这一瞬间，不安的沉默笼罩了整个房间。

推门进来的是一个曾经见过两三次面的人——美国一家报社驻柏林的特派员。

爱因斯坦无可奈何地摇摇头，低声说道：“你的嗅觉真灵啊。”

这位记者立刻意识到自己来得鲁莽，一言不发，行了一个礼便走了。

别墅风波

在哈尔贝特街五号的公寓里，祝贺生日的礼物堆积如山。从世界各国寄来的卡片、电报和信件，装满了好几个箱子。认识的和不认识的人送来许多香皂、领带、手帕、香烟、书籍……

“哦，这真是一个好主意。”伊丽莎夫人大叫了一声。

那是美国的犹太民族团体的来函，说他们已经决定：在巴勒斯坦买一块土地，在爱因斯坦生日那一天种植树木，等那树木长大成森林时，就将它命名为“爱因斯坦森林”。

“你看这个怎么样？……不过，这件礼物我们家装不下哩。”

爱因斯坦看了柏林学士院学生寄来的信，这样说。那些学生知道爱因斯坦喜欢乘快艇，所以决定送他一艘快艇。

柏林市当局也不认输。柏林市议会决议：要把建筑在郊外的美丽的别墅，连同地皮，赠送爱因斯坦，作为他五十岁诞辰的贺礼。

这是很好的想法，也是堂堂大柏林市应有的作风。

“请你去看一下吧。这栋别墅，是建筑在哈贝尔河注入汪泽湖的河口边美丽的山丘上，在河岸还有一个快艇库呢。”市政当局夸耀地说。

爱因斯坦高兴得好像在做梦。工作疲倦了，他可以悠然走到湖畔，乘上快艇。蓝色的天空和白色的云，蓝色的湖水和白色的帆……他可以忘掉一切烦恼，乘着微风，进入无我的境界。

赠送这件美好的礼物的事，很快地传遍了全市，报上登载那栋别墅的照片，大事吹擂。

伊丽莎夫人怀着兴奋的心情到湖畔的别墅一看，那里的景色比照片上的更美丽。

但是出乎意料的是，别墅里面有人住着。夫人敲开房门，问道：“对不起，你能不能让我看看市政府给我们的房子？”

里面的住客很诧异地说：“那一定是弄错了。这里的土地和房屋，都是属于我们的。市政府一点权利也没有呀。请你再到市政府去查一查吧。”

这真是意外的事。果然，经市政府主管人员详细查阅旧档案，发现这件事情原来是市政府弄错了。他们原以为过去市政府收买这一带土地建设公园时，连同这块土地和房屋也都收买过来了，其实并不是这么一回事。这一来，市政府当局感到非常困窘了。

“真是抱歉。不过，请你在公园土地上，任意选择一个地方，盖一栋你所喜欢的房子好了。当然建筑费用由市政府负担的。”

爱因斯坦觉得市政府既然有这番好意，不留个面子也不好，于是便答应下来。同时，也委托建筑师去设计。

但是，经再查另外一个旧档案，发现这回又是市政府的疏忽。当收买公园用地的时候，市政当局曾经和那个别墅的所有人约定，在这个公园内不得再建筑任何别墅。

这消息传播得很快，许多新闻记者和摄影记者都跑到那家别墅去采访。

也有人写信给那个人说：“不管有没有这样的契约，为了这位了不起的科学家，就让他在公园用地盖一栋别墅，又有什么关系呢？”

别人越劝得凶，这家人越不高兴。

于是又想出第三个方案：另外收买沿湖边的田地，在那里盖别墅。因为话既然说出口了，假如不能兑现，那将会影响到市政府的威信。

“这里的土地比公园地差一点，这还得请你们原谅哩。请伊丽莎夫人抽空到实地去看一下吧！”

被市府当局道歉了一番，伊丽莎夫人又去勘察了。好不容易找到那块土地，走近一看，有一个不三不四的人站在那里。

“你是爱因斯坦夫人吗？”

“是的。”

“那么，请你趁早离开这儿吧。我是那个庄园的主人派来的，这一块土地是属于他的，旁人休想染指。”

因为受到社会上很多批评责难，使庄园的主人大为光火。

“三批其颊则佛亦怒”，好好先生的爱因斯坦也不胜其烦了。

第三个方案的失败，被柏林市民拿来当茶余酒后的笑谈资料。报纸刊载漫画，半开玩笑地描述市政府当局的失态。在咖啡馆里，大家也都谈论着这件事。

最伤脑筋的是市政当局。他们不断地打电话来问他，看有什么好办法。

“这件事情，到此告一段落算了！”

虽然爱因斯坦再三这样说，但如果把这件事情不了了之，市政府的威信就要扫地了。后来终于决定：“这次不许再失败。关于土地的选择，全部由伊丽莎夫人做主好了。看你喜欢什么地方，我们就替你买下来。”

在柏林郊外，坐火车大约一个钟头的路程，就是在哈贝尔河的沿岸，有一个叫卡普多的小村子。那是在被松林围绕着的山丘上，只要穿过二三分钟路程的沙地，便可到湖畔。

爱因斯坦夫妇决定就在这里盖别墅。把收买土地的手续办好以后，他们就通知市政府去办理。

这样一切都解决了，他们这么想。收买土地的契约已经订好，房屋的设计也完成了，只要市政府付钱便行了。

然而，意外的阻碍却埋伏在市议会里。当建筑这栋别墅所需经费二万马克的预算案被提出来讨论时，纳粹党的市议员们站起来反对。

“德意志人的首都柏林市，有必要赠送这礼物给犹太人爱因斯坦吗？”

市政当局越加说明，他们越要执拗地抨击。这一天，这个案子终于没有获得通过，决定保留到下次大会继续讨论。

好心肠的爱因斯坦，到这个时候再也不能忍耐下去。拖延了这么久后，又被卷入政事的漩涡，谁还吃得消？

他立即写一封信给市长，谢绝这件礼物：

“人生短促，而市政府是长久的。我不能永远跟随当局这种缓慢的步调走。我非常感谢贵府的好意，不过，我的生日老早过了，你们也不必再赠送什么礼物了。”

市政府回信说，下一次的市议会大会上，一定要设法使它通过。但爱因斯坦还是不愿意。最后决定由市政府发表声明，而结束了这件悬案。声明中说：“关于由市政府赠送礼物一案，市政府与爱因斯坦教授之间，已经获得协议，市政府遵从教授的意思，撤回该案。”

可是，事情并没有这么简单。订好契约要出售土地的卡普多村的地主与已做好设计图样的建筑公司，都提出抗议，爱因斯坦进退维谷，只好自掏腰包，买下土地来建造房子。

“假如没有发生这次纷扰，我们怎么能想到要盖一栋自己的房子呢。”伊丽莎夫人虽然这样自我解嘲，但是，这一来害得本来就不太富有的爱因斯坦，不得不倾注所有的积蓄来盖房子了。

不过，房子建造完成后，他们觉得花这么多钱也是值得的。房子是木造的，虽然很朴素，但它的设计非常艺术，并且有一个很大的花园。附近有一处森林。从小丘上可以俯视村中零落的房子；一条很宽的道路经过其间，在村落的尽端，可以看到一条长银带般的修罗湖，与湖边树木辉映成趣。

爱因斯坦夫妇在这个湖畔的别墅度过三个夏天。遇到好天气，他就乘“托木拉号”快艇，扬起白帆，在恬静的湖水上自由自在地疾驶。对爱因斯坦来说，再也没有比在快艇上更适宜做太空梦了。

诗人与科学家

爱因斯坦虽然悠闲地躺在修罗湖的快艇上，然而，这个世界却仍然不放松他。

“每天都要忙于整理这些信件，实在伤脑筋。”正如伊丽莎夫人所说，每天早晨，邮差都会送来一束一束的用各种文字写成的信件。

也有很多礼物从世界各地送来。尤其是著书的人，不管是认识或不认识的，都以赠送一本亲自签名的书给爱因斯坦为荣。

到卡普多的别墅来的访客当中，最突出的是印度大诗人泰戈尔。

泰戈尔是第一个获得诺贝尔奖的亚洲人。他出生于富裕而有名望的家庭，并且受过完美的教育。后来他离开加尔各答，迁移到上可望见喜马拉雅山，下有冈底斯河流经的孟加拉。他从小就富有想象力，因此，从他笔下产生了许多美丽的诗、戏剧和小说。

泰戈尔比爱因斯坦大十八岁，来到卡普多时已经快七十岁了。

“他们两人坐在一起，乍看之下倒分不出谁是谁来。”伊丽莎夫人这么想。

这位亚洲的老诗人穿着一件闪闪发亮的绸布衣服，头发留得很长。他那俊逸的脸孔，有一半被银白色的胡子遮住了。他那一对清澈柔和的眼睛，的确很像爱因斯坦。

虽然一个是诗人，一个是科学家，但是超越世间一般人的智慧和丰富的想象力，却是相同的。

另外一位有趣的人，是在一九三一年夏天，乘气球到达大气层的瑞士科学家奥古斯特·比卡德。

那年秋天，爱因斯坦和几个朋友在维也纳举行音乐演奏会，由五个人用小提琴演奏莫扎特的曲子。这时有人送来一张纸条，上面写着：“为了报告气球旅行的经过，刚到维也纳，如果方便，想与爱因斯坦先生见面。比卡德上。”

“好吧。”爱因斯坦回答。

比卡德教授这个人长得很高很瘦，就像一只白鹤，嘴边还留着流行的小胡子。他进来就面对着爱因斯坦及其音乐同好，悠然地坐在摇椅上，开始讲他的太空冒险故事：

“那个气球装满了氢气，并且挂了一个铝制的笼子。按照我们的计划，我和助手两人经过七八个钟头就可到达大气层。

“假如经过十八个钟头还不回来，就当我们已经死了吧。我

们交代完毕，便搭上了气球。

“气球的性能真优越。它一直上升大约十英里—— 一万六千米。大气层的确很冷。那里的气温降到华氏零下一百度以下，摄氏零下一百四十八度。

“等待在地面上的人，很担心我们的安全。因为我们被风吹得很远，后来降落在阿尔卑斯的冰河上了。”

最后又做预言道：“将来飞机将会飞得更高，只要几个钟头便可以横渡大西洋。如果是在大气层，便可以用一小时四百英里（六百四十公里）的速度飞行。不过，飞行员需要携带氧气设备才行。”比卡德的这番预言，后来被证实了。

发现镭的居里夫人，也是爱因斯坦的老朋友。而且，两人都担任着国际联盟的文化合作委员会委员，因此常常在日内瓦会面。他们两人时常站在联盟大厦的长廊上，或者并坐在院子里面的椅子上，讨论一些科学上的问题。

当这两位大科学家在谈话时，别人总是绕道而行，以免妨碍他们的谈话呢。

各国政府和大学的邀请书，仍旧不断送到爱因斯坦家来。但其中的大部分只好谢绝了，因为，他一个人要接受这么多的邀请，无论是在时间上或体力上，都是不可能的。不过，其中一件从加利福尼亚寄来的邀请函，使他有点心动。

“在巴沙利那的加利福尼亚理工大学，每年都邀请世界著名的科学家，来此从事研究工作。今年冬天学校当局有意邀请您来，时间是六个星期。我也期望着能和您在这里共同研究光学的问题。”这是米里康教授的来函。

爱因斯坦想起九年前到美国旅行的事。那时候只到过纽约及其附近，但这一次他可以绕过巴拿马运河，和伊丽莎做一次愉快的热带地方旅行。

再说，由于国际联盟文化合作委员会的关系，爱因斯坦也认识了米里康教授。过去在日内瓦，两人曾经同住在一家旅馆里。米里康教授是一个品德高尚的人。爱因斯坦终于决定接受这个邀请。

当爱因斯坦将要访问美国的消息一传开，请柬如潮水般地涌了进来。熟人要他去住宿，俱乐部要他去演讲，大学要他去讲学……夫人终于大喊吃不消。

美国记者来访，夫人对他说：“请你转告纽约各界的朋友，我们非常感谢他们的好意，但事实上我们是无法全部接受这些好意的。”

爱因斯坦也坚决地表示，船到纽约港他绝不登陆。他说：“这次的旅行有两个目的：休息和工作——在途中要好好休息；到了巴沙利那，就要卖力工作。”

可是，他这番声明又有什么用？信件、电话、电报不断地来到。爱因斯坦预感，又要被摄影记者包围，被群众挤来挤去，然后还要讲演、参加宴会了。这真是使人吃不消！

最使爱因斯坦感到啼笑皆非的，莫过于有一些公司的宣传人员来拜托，愿付几万块钱的代价，请爱因斯坦替他们做一次广告。譬如说："你只要说一句话，说你经常使用敝厂出品的杀虫药，就行了。"

随后还有乐器公司、领带制造厂、帽子厂、化妆品公司等等，相继来拜托。

美国人的热情

丈夫虽然坚持要留在船上，但伊丽莎夫人却一定要留在纽约登陆，去办一件事情。

在哈德逊河畔，有一栋新建的哥特式的教堂，这便是河边教堂。一正门中央的窗上，矗立着耶稣像。入口处的墙壁上，雕刻着古今中外最伟大的宗教家、哲学家和科学家的石像。那里面也有爱因斯坦的像。

为了要选出有史以来最有成就的科学家，卡达博士曾经征询过全世界科学家的意见。结果，科学家们的回答是分歧的。但其中有一个共同之点，就是每一个人所提出的名单里，一律都有爱因斯坦的名字。

伊丽莎夫人之所以要登陆，就是为了要参观丈夫的石像。

“你这么急着要看的话，你就登陆去看吧。顺便拍一张照片，带回来给我看好了。”爱因斯坦说。

但是经过夫人一再的苦劝，爱因斯坦终于同意在纽约登陆，去参观河边教堂。

一九三〇年十二月二日，贝尔根兰特号轮船出港以后，爱因斯坦身边才恢复平静。其他的乘客们都特别留意，尽量不去打扰这位伟大的科学家。

爱因斯坦和同行的助手梅雅博士，一天到晚关在客舱里面，讨论着数学上的问题。

但当船开近纽约港的时候，平静渐渐地消失了。船还没到六十号码头，早已引起骚动，因为一大批新闻记者搭上检疫船来了。

广播电台派遣广播记者和技术人员，来敦请爱因斯坦发表访美观感。爱因斯坦只好站在船舱里面特设的麦克风前，发表他的谈话：

"亲爱的美国朋友：今天，相隔十年之后重临贵国，最先引起我的感触的，是这个国家经过不断的努力，终于在世界列强之间，占有一席不可争辩的优越地位了。

"诸位，贵国有一种能惩治任何军国主义的潜势力。我们应该让他们彻底地明白这件事实。以贵国今日的政治、经济力量，足可消灭黩武主义者的暴力传统。

"请诸位不要忘记，贵国目前的使命就是这一点。"

记者们提出五花八门的问题。伊丽莎夫人的英语讲得很流利，所以由她担任翻译。

有人要求他用一句话说明第四次元的定义。

“你去问降神术师吧。”爱因斯坦回答。

又有人问，简单说来，相对论是怎么一回事？

“要给相对论下一个简单的定义，最少要三天时间。”

也有一些比较实际的问题，例如问他有没有带小提琴来。

“我的小提琴留在家里呢。我怕它因为热带的气候而受到损害。”

然后被带到甲板上拍照片。爱因斯坦那蓬松的头发，被海风吹得更加零乱了。

不久，贝尔根兰特号停靠在六十号码头了。爱因斯坦夫妇登陆后，立即开始五天的忙碌活动。

华克市长在市民会馆的石阶上迎接爱因斯坦。在一次典礼上，市长赠送爱因斯坦一只“纽约之钥”。

随后，依照伊丽莎夫人的希望，他们一行人穿过华埠，去访问河边教堂。福斯狄克博士和卡达博士早已在那里等候他们了。

爱因斯坦仰望着那些世界上最伟大的宗教家、哲学家和科学家的石像。

那里有孔子、释迦、穆罕默德、柏拉图、康德……这里虽然是基督教的教堂，却有许多非基督徒的石像。

“因为他们都是伟大的人物。”卡达博士说。

“在欧洲就不可能有这种情形了。就是将来也不会有的。”

爱因斯坦这么回答。他深切地感觉到，美国富有一种欧洲国家找不到的博爱思想。

进入教堂，在走廊上走着。忽然，爱因斯坦停住脚步，问道："这些石像人物里面，现在还活着的，除了我以外，还有哪几个人呢？"

"只有您一个人。我们从历史上的著名人物里选出六百个人，而现在仍活着的，只有您一人呢。"

第三天晚上，爱因斯坦夫妇到大都会歌剧院去，坐在包厢里观看歌剧卡门的上演。

在第一幕与第二幕中间的休息时间，爱因斯坦到场的消息很快地传开了。于是立刻在观众之间引起了小小的骚动，大家都伸出头往后看，并响起一阵掌声。

起初，爱因斯坦还不知道那是在对他表示敬意，经夫人提醒后知道了，马上站起来向大家点头答礼。

鼓掌和欢呼声越来越热烈，使得第二幕延迟了几分钟才能开演。

爱因斯坦想在纽约会见的人，只有一个，那就是泰戈尔。他很想回拜这位曾经到卡普多去探望他的印度诗哲。

本来泰戈尔想亲自到贝尔根兰特号上去，但由于他年事已高，而且身体也不太好，后来还是爱因斯坦到公园路的寓所去拜访他。

"自从上次分别以来，时间过了很久啰。"两位世界伟人，紧紧地握手。

相对论大王

贝尔根兰特号又出了海，开向巴拿马。

在巴拿马海峡，爱因斯坦换上麻织的西装，脚穿拖鞋，和其他乘客一起站到船桥上，观看船只经过闸门的情形。他看到水位时时刻刻地变化，像小孩子一样地开心。

巴拿马当局赠送一顶特制的巴拿马帽给这位伟大的科学家。它薄得像纸一样，重量只有一盎司，把它卷起来，可以穿过戒指的小洞呢。

“啊，这真稀奇！”夫人也感到惊讶不止。

元旦那一天，船到加利福尼亚的圣地亚哥。爱因斯坦透过无线电广播，向加利福尼亚州各界发表新年的祝词。

无论哪里的人都有同样的心情，加利福尼亚的人也都争着包围爱因斯坦。有一家电影公司愿意付出惊人的代价，请爱因斯坦拍电影。

“不行呀，我怎么能当电影明星呢？”爱因斯坦露出慈祥的微笑回答。

“不过，听说你在柏林曾经上过镜头？”

“在柏林拍过电影倒是事实。但是当时有一个条件，所获利润要全部捐给救济孤儿的事业。”

爱因斯坦很少参加社交性的集会。因为他能和米里康博士及其他科学家共同研究的时间，只有六个星期。他希望在这期间多做一点事情。

爱因斯坦曾经去参观过威尔逊山顶的巨大反射望远镜。这是世界最大的望远镜，它的反射镜直径长达一百寸，所以被称为“一百寸的眼睛”。

在那里负责管理的人说：“这个还不够用。我们计划再做一个更大的‘二百寸的眼睛’。做成以后，许多在过去不能观测的天体，将会陆续出现在人类的眼前。”

在这个大学所做的研究，看来会有很好的结果，所以爱因斯坦又和他们约好，明年及后年的冬天，要再到这个大学来。

他们回程不再经过巴拿马运河，而是横越大陆，去看那宽阔高耸的美国平原和山峰。

当火车开出加利福尼亚，经过西部各州的时候，爱因斯坦有些兴奋。因为他爱上了美国。

爱因斯坦到科罗拉多河的大峡谷时，接受了前所未有的光荣，那就是被印第安人的部落奉为酋长。

这么一来，爱因斯坦又要取一个新名字了。酋长的名字必须和他的工作有关系才行。

“这位先生是干什么的？”印第安人问道。

“他是发现相对论的科学家。”

“那么，我们就称新酋长作‘相对论大王’！”

因此，爱因斯坦只要到大峡谷的印第安部落去，就会被称为“相对论大王”。

爱因斯坦又照例带着许多礼物和鲜花，从纽约上了船。

“你这一次到美国最大的收获是什么？”有人这样问他。

“我最大的收获，是认识了美国的许多科学家，并且看到了他们所从事的伟大工作。”这便是他的回答。

普林斯顿研究所

“如果今年也像上次那样的闹哄哄，那可吃不消呀。”

一九三一年冬天，爱因斯坦到美国去的时候，偷偷地自安特卫普上了船。这回他不经纽约，而直接经过巴拿马运河到西海岸。

但爱因斯坦仍然逃不过他的名声。他在可伦举行了一次记者招待会。他戴着那顶巴拿马帽站在甲板上，由旁边的夫人担任翻译。

当时的报纸大多是刊载有关希特勒和德国的新闻，爱因斯坦不知被问了多少次他对这方面的感想，但他始终不愿对这个问题发表意见。他说：“我不是政治家，我是一个科学研究者。”

米里康博士也费了很大的苦心，使爱因斯坦能和外界的纷扰隔离。爱因斯坦整天留在校内的宿舍里，专心做他的研究工作。

预定的六个星期过了，爱因斯坦归国的前夕，特别举行了一次记者招待会。拥挤在一室的记者们，提出了五花八门的问题：“除了地球以外，其他星球上是不是有人类呢？”

“我不知道。不过，如果你要怀疑它的可能性，那是不大可能的。”

“希特勒能不能当选为德国总统？”

“不知道。不过，希特勒落选以后，声势或许会更壮大哩。”

“你是不是准备为统一力场理论的发展而贡献你的余生？”

“我要终生研究这个问题。”

“你近来和新闻记者谈话，是不是觉得轻松多了？”

“德国有一句谚语：没有一个人会习惯于被杀头的。”

记者们会心地笑了。不管问什么问题，只要和爱因斯坦谈着，他们心里就感到快乐了。

爱因斯坦就在这个校内的宿合，会见了佛莱克斯奈博士。

佛莱克斯奈是一位教育界的权威，他曾在卡内基基金会的教育部门任职，并从事美国学制的改革。他四十岁的时候，写了一本书叫作《美国、英国及德国的大学》，把美国大学的缺点，批评得体无完肤。

不久以后，他接到一个素不相识的人的电话：“我读了你的书，非常受感动。假如有一个好机会，你能不能办一所比现在更好的大学？”

“我想我能够……不过，这和你有什么关系呢？”

“我想捐出几百万元来，请你办一所新的教育机构。”

打这个电话的人，叫作潘巴嘉，他是经营百货业发财的大富翁。他愿意把赚来的钱捐出来，用在对社会有益的事业上。

“就这样做吧。美国的大学已经太多了。但是，学生辛辛苦苦在大学里读书，当他们毕业拿到学位后，就把学问荒废掉了。我们需要有一个机构，来指导那些有前途的学术人才，使他们能有更大的成就。

“另一方面，要从世界各国聘请很多权威学者来指导他们。在过去，这些学者除了担任课程外，还要参与学校行政，以致没有充分的时间去研究。到这里来以后，他们一面指导青年学者，一面可以获得足够的研究时间，这样对于学术的发达，就会产生很好的结果。”

于是，为了这个目的，以路易·潘巴嘉及其妹菲力克斯·法耳特夫人所捐助的五百万美元为基金，于一九三○年在普林斯顿创设了“高等学术研究所”。

高等学术研究所的计划，本来是包括自然科学和社会科学的一切部门的，但被选为筹设委员会主任的佛莱克斯奈博士却决定要从数学部开始办理。

他曾问数学家：“世界上最优秀的数学家是谁呢？”

他也问语言学者：“世界上最卓越的语言学者是谁呢？”

他又问社会学者：“世界上最好的社会学者是谁呢？”

他从社会学者和语言学者所得到的回答各有不同。但关于数学方面，每一个名单都写着相同的名字——爱因斯坦。

佛莱克斯奈便到加利福尼亚理工大学找米里康博士商量。米里康博士毫不犹豫地说："那你就应该去请爱因斯坦教授呀！他正在这个大学呢。"

"不过，像他这样著名的大学者……"

"不，教授对于青年学生的指导，特别有兴趣呢。无论如何，你要去听听他的意见。我也会向他提一提的。"

于是，佛莱克斯奈博士便去拜访爱因斯坦博士了。

佛莱克斯奈很快地被爱因斯坦那高尚的气质、坦白而谦虚的态度迷住了。他们两人在这个偌大的校舍的走廊上边走边谈，谈了将近一个钟头。

这时候，伊丽莎夫人走过来告诉他："你和客人约定的时间到了。"

"好，我就去……那么，博士，因为中午我已经和人约好要一同吃饭，这个问题等我们吃完饭再来慢慢研究吧。"

这个时候，佛莱克斯奈还没有打算聘请爱因斯坦到新设立的研究所去。他只是就这个计划，和他做一次商量。结果他们约定：明年夏天爱因斯坦要到英国的牛津大学讲演，那时候再见一次面，好好地商量一番。

一九三二年夏天，他们两人如约在牛津美丽的草坪上见面了。那是一个很好的天气，两人在草坪上来回漫步，谈了好几个钟头。

这时候佛莱克斯奈才开始抱一种希望：事情进行得顺利的话，或许爱因斯坦也肯到研究所来工作。

“爱因斯坦先生，我虽然还不能明确地提出来，但请您记住：经过慎重的考虑之后，如果您愿意到我们的研究所来，我们随时都会欢迎您的。”

佛莱克斯奈并且约定，在最近期间内，他还要再到柏林去拜访一次爱因斯坦。

佛莱克斯奈到卡普多的别墅来访那一天，虽然还是夏天，却有几分凉意。佛莱克斯奈穿着冬天的衣服，还加上大衣，到他家一看，爱因斯坦只穿着夏季的薄绒衣，安坐在阳台上。

“对不起，我不脱大衣了。”

“不用客气。”

“你不觉得冷吗？”

“不，我不是随气候，而是随着季节的变化而穿衣服的。现在还是夏天呢。”爱因斯坦说着笑了。

两人谈到傍晚，吃了晚饭，又继续谈到十一点钟。

在这一天的会谈里，爱因斯坦终于决定接受高等学术研究所教授的终身职，到普林斯顿去。所订的条件和威廉研究所一样，担任课程或主持讨论会与否，可以随他的意思决定；到这个研究所来的学者们，每周都要举行研究会，他参加不参加也随他的便；研究和休息的时间，由他自己安排，让他毫无拘束地自由研究。

“很好，我愿意接受这个邀请。不过，我还是属于德国的。我希望每年在美国住五个月，其余的时间回到德国来。”

这件事情就这样决定了。

爱因斯坦和平常一样，不戴帽子，只穿一件毛线衣，冒雨送他到车站。分手的时候，爱因斯坦对佛莱克斯奈说：“现在我觉得去普林斯顿是一件快乐的事情。”

留下来没有解决的，只有年俸要多少的问题了。因为爱因斯坦所希望的薪俸是意外的少，使得研究所的同事们不知所措。

“如果他的薪俸这么少，其他教授的薪俸也就不得不减少了。”

经过一番商量，他终于同意接受较高的薪俸。

最后的一瞥

一九三二年的秋末，爱因斯坦正忙着收拾行李，准备去加利福尼亚，这时，柏林的美国领事馆来了一个电话：

“请劳驾到领事馆来一趟。”

“假如是为了护照签证的事情，请你们用邮寄好了……”

但是领事馆方面还是坚持请他去一趟。这使爱因斯坦感到莫名其妙。以前每次出国旅行的时候，一切零零碎碎的手续，都是由旅行社代办的。他只好到领事馆去看一个究竟。

在领事馆，他被问了很多问题：“你的政治思想如何？……参加过什么团体？……去美国的目的是什么？……要做什么事情？……有没有其他的目的？”像这样，前后被问了将近一个钟头。

爱因斯坦是很有耐性的，要使他生气可不简单。但是，因为领事馆的质询太烦琐，终于使爱因斯坦也忍受不住了。

他拿起帽子站起来，说道：“你们以为是我急着要去美国的吗？你们弄错了，我并没有这个必要呀。”说完，便掉头回家了。

“爱因斯坦博士被拒绝进入美国。”

这个消息一传开来，美国全国上下都轰动了起来。批评责难的电报和函件，如潮水一样地涌到华盛顿的美国联邦政府；另一方面，也有许多电报和函件涌到爱因斯坦家里来，告诉他美国人绝不是要排斥他，请他不要生气。

华盛顿和柏林的领事馆间的电报往返，急剧地增多了。这一来，领事馆也感觉到事情的严重性。

当领事馆又打来一次电话时，爱因斯坦只简单地回了几句话：“我的行李全部准备好了，它们必须在明天中午以前送到布勒门去。如果到那时候还不能完成签证手续，我就永远不到美国去。”说完，他把电话挂断了。

本来，要在这么短促的时间里完成签证手续，是一件办不到的事情。但是就在数小时之后，华盛顿的美国政府接到报告，说是爱因斯坦夫妇赴美的护照签证手续，已经办好了。

离别卡普多的别墅的日子，终于来临了。

“伊丽莎，明天我们就要出发了。在离去以前，你还是多看这个别墅几眼吧。”爱因斯坦戚然说道。

“那又为什么呢？”

“也许这是你最后一次看这房子。”

他的这种预感，后来竟灵验了，他们和这幢湖畔别墅告别了之后，再也没有回到这里来过。

爱因斯坦夫妇经由巴拿马，前往巴撒丁那。这是最后一次到加利福尼亚理工大学做研究。按照合同，从十月份起，他就要到普林斯顿的高等学术研究所去。

当爱因斯坦在威尔逊山的天文台里和天文学者们讨论着空间的物质分布问题的时候，德国的政坛上正发生着极大的变化。

一九三三年一月，兴登堡总统终于任命希特勒为首相。

本来，由于米里康博士的特别照顾，在加利福尼亚的大学里，爱因斯坦完全和外界的纷扰隔绝。但到了三月间，当他完成了那里的工作，从洛杉矶经由芝加哥到纽约去的途中，在德国所发生的政坛上的激烈变化，也使得爱因斯坦不得不面对现实。

当希特勒掌握政权的时候，纳粹党虽然是德国国会的第一大党，但在全部六〇七个议席之中，只占二三〇席。希特勒立即解散了国会。

国会议员改选的前夕，国会突然被人放火了。希特勒认为这是反对党的阴谋，便在仅仅三小时里，逮捕了一千一百人。

这是二月二十七日的事情。几天后的大选结果，纳粹党获得了压倒性的胜利。

同时，对犹太人的迫害也随着开始。他们的口号是“德国人的德国”，他们认为犹太人是腐化德国的害虫。被认为是犹太人

的代表而成为他们攻击目标的，就是爱因斯坦。

爱因斯坦到芝加哥的时候，才知道这件事情。

他们夫妇两人所搭乘的火车到达纽约的时候，地下火车站前有几万人等着他。为了避开这些群众，他们乘电梯到地面上，然后换乘汽车。

“爱因斯坦离开车站了！”

这个消息一传开，许许多多的爱因斯坦迷也都跑出车站，向他的汽车蜂拥而来。

既然到了这个地步，爱因斯坦只得断了逃避的念头，微笑着站在照相机前。群众看到这个情景，都高兴得大声欢呼起来。

好不容易到达旅馆的时候，爱因斯坦已经很累了，但新闻记者们还是不肯放松地追着他。他们想问问爱因斯坦对于德国政局的变化有什么感想。

“那么，请你们把问题写在纸上，送到房里来吧，我给你们答复。”

爱因斯坦让步了。他并且回答那些问题说：“德国现状既然如此，我再也不踏上德国的土地了。”

“这么富于戏剧性的宣言。”民众的兴奋已到达了极点。

那天晚上，“美国希伯莱大学之友会”邀请爱因斯坦夫妇参加晚宴，以庆祝他的五十四岁生日。成千的人都围着看这位如此勇敢地打击独裁者希特勒的科学界伟人。

第二天下午，他们又出席美国著名的和平主义者的招待会。夫妇两人一个接一个地和客人握手，握得手都发麻了。

然后，他们飞往普林斯顿，约定从十月起要在高等学术研究所工作。办完这些事情，爱因斯坦和夫人又成为大西洋的船上客了。

他们的目的地是比利时的海边小镇——哥克·修儿·梅路。

不够德国化

三月二十一日，希特勒担任首相后的第一次国会开幕典礼，在柏林郊外波茨坦的教堂里举行。出席的是清一色的纳粹党议员，其他党派的议员都没有参加。

在会场里，摆满了从十八世纪以来，德意志帝国的各种军旗，使人看了好像德国又恢复帝制了。

就在这里，希特勒发表了他那所谓波茨坦宣言："本人要求撤销凡尔赛条约所订德国对大战的责任条款。"

他并且声言，要为统一德国、消灭国贼而努力。

同月二十三日，以四四一票对九四票的压倒多数，通过了"全权委任法"，于是希特勒政府便掌握完全独裁的权力，国会也无限期地休会了。就在这一天，德意志共和国消失了，诞生了一个新的独裁国家。

对犹太人的迫害，随即开始了。所有犹太人医生都被禁止开业，犹太人法官和律师被赶出了法院。

爱因斯坦尤其是纳粹党的眼中钉。他们认为爱因斯坦犯了“知识的叛逆罪”。当爱因斯坦还在大西洋上时，他接到了消息，说是卡普多的别墅遭突击队员侵扰了。

他们认为爱因斯坦有私藏武器弹药的嫌疑。他们翻箱倒箧搜遍了整个房子，想要找出“危险的武器”。

“有了！有了！”他们终于在厨房找到一把切面包用的小刀！

他们把它当作爱因斯坦叛乱的证据而没收了。

对这件事情，爱因斯坦只好苦笑着说：“以前到那所别墅来的净是些办理私事的绅士，但现在却……”

夫妻俩到达比利时后，最担心的是女儿的安全。

他立即挂电话到柏林。出来接电话的是他们的女佣。据她说，和德国人结婚的大女儿伊尔塞已经逃到荷兰，和俄国人结婚的次女玛尔格特，也避难到法国去了。他这才放下了心。

同时，他又接到消息说，他的银行存款全部被政府没收。虽然那并不是太大的金额，但这下，爱因斯坦可变成一个穷光蛋了。

到比利时后，爱因斯坦首先要解决的问题是，他和普鲁士学会的关系。即使爱因斯坦置之不理，学会也会把他除名的。可是，当时的会长正是他所尊敬的普兰克博士。

爱因斯坦原先就是被普兰克博士和尼伦斯特博士从瑞士请来的，而现在却要由普兰克博士出面劝爱因斯坦辞职，这是一件多

么难过而尴尬的事。爱因斯坦想到这一点，便自动地提出辞呈。

这个时候，普兰克教授正为缓和纳粹对犹太人的迫害而奔走。但是盛气凌人的希特勒，当然不会听从老教授的诤言的。他训斥普兰克道："你以为我是一个没有魄力的人吗？你以为我会为这么小的事情，而忘掉伟大的目的吗？一切措施都非彻底执行不可！"

尼伦斯特博士也在学会的理事会席上，不断地大声疾呼着："我们怎能用'不够德国化'的理由，将会员中的伟大数学家开除了呢？过去的达兰贝、莫比耳提以及伏尔泰又是怎么样呢？我们至今仍以他们曾是普鲁士皇家学会的会员为荣，而他们却都是法国人呀。"

他又很感慨地说："后世的人会怎样批评我们呢？我们不会被称为'屈服于权力之下的懦夫'吗？"

尽管普兰克和尼伦斯特一再地坚持，少数人终究斗不过多数人。对于爱因斯坦的辞呈，学会发表了下述的声明："普鲁士皇家学会获悉爱因斯坦曾在法国和美国，参与不轨行动的新闻报道后，甚感愤慨。学会当即要求他提出解释，但爱因斯坦却先来函申请自动退出；同时他也打算放弃德国的国籍。自古以来，普鲁士学会与国家的关系，极为密切。本院对于煽动分子爱因斯坦在外国的活动，颇感困扰。因此，本院对于爱因斯坦的退出，丝毫不感到遗憾。"

对此，爱因斯坦发表了反驳的文章，责难学会没有查明真相就发表这样的声明。学会也反驳他，爱因斯坦又再反驳学会。

这样持续了一段时期后，爱因斯坦把那些来往函件和剪报加以整理，并题上一首打油诗：

我也许该感谢这么亲切的来信，
正如寄信人一样，
这些信真是富有德国色彩。

“这一下子，我的心情轻松得多了。”爱因斯坦反复地说。

但是对于伊丽莎来说，柏林确是一个值得怀念的地方。

“你虽然嘴里这么说，其实你很喜欢柏林是吧？”夫人望着他的脸说。

“没有这回事。”

“没有这回事？”伊丽莎停了一会儿，又接着说：

“参加物理学会回来以后，你不是说过，现在世界上再也没有一个地方像柏林，聚集着这么多第一流的学者吗？说这话时，你还显得很欣慰呢！”

“不错，从纯粹科学的立场来说，柏林的生活确有许多令人向往的地方。不过，我在精神上却始终感到一种压力。并且有一种预感，好像将会有不好的结果。”

悬赏一千镑

爱因斯坦在哥克·修儿·梅路的隐居处，是在一个很大的沙丘旁边的别墅。在这附近，常有孩子们玩着沙，也有穿着巴黎最新流行的游泳衣的妇女们，在海滩漫步。

爱因斯坦仍旧研究着他的物理学，有时候拉拉小提琴。但夫人和朋友们却感觉到，爱因斯坦的安全越来越令人担心了。

夫人常劝他说："这里距离德国太近了，我们赶快到英国去吧。"

刚好这时候，英国的一位朋友洛卡·南普逊愿意将西敏寺附近的房子让他住一年。爱因斯坦接受了这个邀请，并且已经写信去道谢，但他却迟迟不动身，仍留在比利时。

到了八月底，爱因斯坦也感觉到，的确有重大的危险逼近他的身边了。因为，纳粹心目中的强敌，便是爱因斯坦。

那个时候，在英国和法国出了一本书叫作《希特勒的恐怖暴行》。在这本书里，列出被纳粹残杀者的名单，并且揭露：国会大厦的怪火，实际上是纳粹党自己放的。这本书的发行人是“反对德国法西斯主义国际委员会”，而这个会的主席正是爱因斯坦。

纳粹的愤怒已经达到极点了。虽然经爱因斯坦再三地说明，他和这个委员会毫无关系，也不知道有这本书的刊行，但纳粹是不理会他的辩解的。

爱因斯坦的名字被纳粹党列入要暗杀的黑名单的第一名了。并且有人传说，德国政府出了下面的悬赏：“凡缴来爱因斯坦首级者，给予奖金一千镑，不论其首级是否附着于躯体，一律有赏。”

爱因斯坦摸着自己的脖子，苦笑着说：“我还不知道我的脑袋竟是这样值钱呢。”

但是夫人和朋友却吓坏了，因为他们知道，纳粹党是说干就干的。

“我们早一点到英国去吧。”夫人天天催促爱因斯坦。

不过，爱因斯坦还有几件没有办完的事情。其中之一是要答复两个比利时青年求救的来信，他们是因为拒绝入伍而被关进牢里的。

爱因斯坦是一个著名的爱好和平的人。他曾经说过：只要所有的人都拒绝打仗，世界上就没有战争了。因此，狱中的两个比利时青年求助于他。

但是，爱因斯坦对这件事所发表的声明，却惊动了全世界。

因为他的思想改变了。面对着希特勒侵略集团的威胁，再也不能高唱和平的高调了。依当时的局势，不知道哪一天，全世界将要被卷入大战的漩涡了呢。

“假如说，为了保障和平与秩序，一个市镇需要有警察力量；那么国际上也需要有抵抗侵略的武力。”

爱因斯坦拒绝为那两个不愿入伍的青年尽力。他认为：保卫祖国以抵抗德国的侵略，这是比利时青年对国家应尽的义务。

比利时的国王知道爱因斯坦的处境越来越危险，立即派遣两名刑警，日夜来保护爱因斯坦。

爱因斯坦对这两名一天到晚形影不离地跟随着他的刑警，虽然不太欢迎，但为了生命的安全，也是没有办法的事。

然而，却有一个青年，冒着森严的警戒网，不断地用书信或电话请求见面。起初他们觉得很可疑，终于有一天，决定由伊丽莎夫人出来接见他。

“你找他有什么事吗？”

“是的。老实说……我是突击队的队员……”

“哦？”

“不，从前是突击队员，后来感到不满才逃亡出来的。”夫人这才放下了心。

“我带来了你们喜欢的东西。”

“是什么东西呀？”

“这是纳粹的秘密文件，我冒着生命的危险把它带出来了。所以，我至少应该得到五万法郎的报酬。”

夫人听了感到莫名其妙。

“哪里的话。我先生并不需要那种文件呀。”

“不过，我想这是非常宝贵的情报呢……”

于是夫人又问了一句：“你为什么专程把它带到这里来呢？”

这位青年理直气壮地答道：“当然啰。因为爱因斯坦先生是反对纳粹的领袖。”

这一幕喜剧，后来也成了爱因斯坦最喜欢讲的笑话了。

脱 险

挚友法兰克教授关心着爱因斯坦的安全，到处寻找他。法兰克只知道他住在哥克·修儿·梅路，却不知道详细的地址。

由于国王的命令，村里的人都被禁止说出爱因斯坦的住处，但法兰克教授不晓得有这么一个禁令，遇到村民便天真地问道：“请问爱因斯坦教授的别墅是在什么地方呢？”村民也就天真地回答：“就在那沙丘那边嘛。”

果然，爬上了沙丘，便看到伊丽莎夫人坐在阳台上。他一走近，看到两个魁梧大汉好像很紧张地和夫人商量着。

通常爱因斯坦的客人都是些科学家、评论家和艺术家，所以法兰克对那两个人的在场，感到奇怪，但仍走向阳台去了。

突然间，那两个人回过头来，扑向法兰克，紧捉住了他的手臂。

夫人脸孔发白地站在那里发抖，忽然，她有所领悟似的叫起来：“弄错了！他是法兰克教授，是我们的朋友。”

那两个人才放下了手。

“真对不起。我们以为您是来暗杀阿尔拔的凶手呢。”夫人向他解释。

“哦，真是警戒森严啊！”

“是啊。您怎么能找到这个别墅呢？”

“我问了附近的老百姓，他们就告诉我了。”

“原来如此……本来嘛，当局有严格的禁令，不得对外来的人说出我们的住处呢！大概因为你与众不同吧。”

爱因斯坦也从楼上下来了。当他知道法兰克博士被误认为刺客时，大笑不止。

不久以后，爱因斯坦被太太和朋友们说服了，终于决定要离开比利时。

这一次完全是秘密的旅行。他们从欧洲大陆的一个不知名的地方搭上了船，趁着黑暗的夜色，渡过了多佛海峡。

到达英国，坐上了火车，爱因斯坦不理会夫人还在担忧，像小孩子一样的嚷道：“哈，英国的火车跑得真快呀！”

他又很悠闲地向新闻记者说：“这一下可以放心了。我太太紧张得变成神经质，真是伤透了脑筋。我是一个宿命论者，说不定早晨起来，做完一些事情，忽然‘砰！’地飞来一弹，那不就完蛋了吗？可是，假如命运注定如此，那也没有办法呀。”

“你看，他就是这样的一个人，他一点也不感觉到自己的危险呢。阿尔拔永远是一个大孩子呀。”夫人苦笑着说。

夫妇两人趁着黑夜，到了伦敦的洛卡·南普逊公馆，那是一九三三年九月九日的事。刑警人员始终守卫在他的身边，房子的内外也埋伏许多刑警。

第二天，依然在戒备森严之下，爱因斯坦被带到沿北海地区诺福克地方的一个小房子。那是远离街道，不容易被人发现的独立房屋。这里也配置有武装的警卫。

英国政府实施这样严密的戒备，是有道理的。因为，名字和爱因斯坦同登在黑名单上的狄奥多·雷幸，已经惨遭纳粹的毒手了。

洛卡·南普逊请爱因斯坦到英国国会去参观，他很高兴地去了。南普逊是国会下议院的议员。

爱因斯坦坐在来宾席上大时钟的下面，看着他的朋友在演说。

那时候，南普逊正在向议会提出议案，以便在英国国外的犹太人也可以取得英国国籍。他望了望来宾席，说道：“请各位看一下，被德国驱逐出来的最光荣的市民正在那里。最初，当爱因斯坦教授被请求在来宾签名簿上签名时，他竟不能写上住址。我亲眼看到他在住址栏写上‘无’字。”

南普逊演说完毕，又抬头望了一望来宾席。爱因斯坦就坐在那边，和大家一起鼓掌着。

当时在英国国内，有一个赖沙福爵士等人组织的团体，从事于被德国驱逐的学者的救济工作。那一年的十月三日，这个团体举办了劝募流亡学者救济基金的演讲会。赖沙福爵士坐在主办人的席上。

在热烈的掌声中，爱因斯坦走上了讲台发言："各位先生，这个委员会的目的，是为那些被德国政府驱逐出来，失去了工作，失去了研究园地的无辜学生和教师们，办理劝募基金的工作。数百年来，这个国家一直拥有宽容与正义的传统美德。为了和平的理想与教育的前途，希望各位全力支援本会的工作。"

几天以后，爱因斯坦搭上了开往美国的轮船。这回也和前几次一样，在许多警卫人员保护之下，趁着黑夜，坐小艇出海再转搭轮船。

夫人和助手玛雅博士早已在船上等候着他。

没有新闻记者的采访，也没有欢送的人群，爱因斯坦秘密地离开欧洲。

"我应该向纳粹道谢呢。他们让我第一次这样悠闲宁静地离开一个地方呢。"爱因斯坦还这么打趣地说道。

轮船进入纽约港后，爱因斯坦在检疫所下了船，坐上驳船，驶到岸边登陆。然后不声不响坐上汽车直驶普林斯顿。那是一九三三年十月中旬的事。

爱因斯坦到达普林斯顿不久，他便接到消息，纳粹党已经没收他的全部财产，当然包括他所喜爱的别墅和快艇在内。

老学者的研究室

LAOXUEZHE DE YANJIUSHI

爱因斯坦的思想，像大海般澎湃。他用自己的力量培养科学之芽，使其茁壮。

犹太人的复国运动

爱因斯坦又恢复恬静的生活了。在欧洲的时候，有时还要给学生讲课，但到普林斯顿之后，他就不再讲课了。不跟年轻人在一起虽然会感到寂寞，但有关高深理论的讲演，除了实际从事这种研究工作的人以外，一般人是不会感兴趣的。

爱因斯坦很快成为普林斯顿的著名人物了。住在这个宁静的大学城的人，时常可以看到留着银白色长头发的老学者，安详地在街上散步。居民常常望着他的研究室说："那个房子就是爱因斯坦在思考的地方。"

欧洲的局势愈来愈紧张，普林斯顿当局对爱因斯坦的安全，也更加注意了。因为纳粹党在全世界各地都有特务机关，而对爱因斯坦生命悬赏的一千镑奖金，仍旧是有效的。

可是，只要埋头从事研究工作，爱因斯坦的心境便宁静了。他一方面在研究所和其他科学家从事研究，一方面也参加救济犹太同胞的工作。

他所担心的是两个儿子的事。好在老大汉斯·阿尔拔正在加利福尼亚州从事土地事业，小儿子爱德华则和母亲一起住在瑞士。

随着希特勒的攻势，渐渐地欧洲卷入战乱的漩涡，他更加担忧留在德国和波兰境内的犹太人的安全了。

爱因斯坦为未能脱离欧洲战祸的犹太人，做了他所能做的一切事情。他经常参加犹太民族运动及其他犹太人团体的集会，并发表演讲，他也常替各种刊物撰写论文。只要爱因斯坦这个名字有所作用，他都乐于提供出来。为了救济留在德国的学术界朋友，他曾亲自上台演奏小提琴。

作为一个音乐家，爱因斯坦的首次公开表演，要算是在纽约第五街的亚道夫·吕伊逊家里举行的那次音乐会。那一回，有二百五十名以上的来宾去观赏这位科学家的演奏。

当爱因斯坦以左手端着小提琴，用下颚轻轻一按，右手拿起拉弓，开始演奏时，观众们都为他那美妙的弦音，惊叹不已。

“他的音乐造诣已不再是业余性的了，毫无疑问的，他已够资格参加一流乐队了。”音乐评论家都如此赞扬他。

“犹太人复国运动”具体化以后，需要为想去巴勒斯坦的犹太人筹募捐款了。他们在爱因斯坦五十七岁生日那一天开始发动募款运动，并且把它取名为“爱因斯坦基金”。

“这并不是有钱人的募款运动，因此，我们只接受一个人一

块钱以下的捐款。”这是爱因斯坦独特的作风。

伊丽莎夫人也组织“巴勒斯坦妇女联盟”，协助丈夫的工作。不过，自从来到美国之后，夫人的身体老是不好，使她无法从事繁重的工作。她在一九三五年十二月患上心脏病，在布隆克斯的蒙特菲欧医院住了一个月。好不容易获准出院，回到普林斯顿来就医，但是让她提前出院是有条件的，医生叫她绝对不能过分劳动。

在这以前，爱因斯坦曾在普林斯顿的玛莎街一一二号买了一幢房子，和女儿玛尔格特、秘书海伦·杜卡斯小姐一起住着。杜卡斯小姐是爱因斯坦的同乡，是爱因斯坦从德国带来的。她的知识丰富、精力充沛。

爱因斯坦这幢房子的建筑很简单，它和卡普多的别墅一样，虽然谈不上豪华，却也很富于艺术气息。房子后面有一座花园，正面的台阶上长满了紫藤花。

伊丽莎夫人把这间朴素的房子，尽量地装饰成具有柏林的风味。

同乡的一位老朋友来普林斯顿拜访他的时候，爱因斯坦曾经对他说：“你比较比较被全世界的报纸杂志渲染的我，和喜爱这种孤独生活的我，也许会觉得判若两人；其实，我是喜欢孤独的。来到普林斯顿后，我才得到了它呢。”

爱因斯坦的书房设在二楼。靠墙的地方摆着书架子和写字台。

写字台前面是一个大窗户，从这里可以俯视整个院子。

爱因斯坦所需要的也就是这些。只要有书本、钢笔及纸张，他就感到幸福了。他虽然有过不少次发财的机会，但他并不重视钱财。

当他还在欧洲的时候，有一次，他寄一篇论文稿到某一家杂志社去，他特别声明："发表这篇论文的唯一条件是不接受稿费。"

爱因斯坦对流行、风俗习惯之类的事情，也是漠不关心的。他喜欢穿宽厚的裤子，不用吊带，腰带束得很松，不打领带，不穿西装上衣，衬衫上面总穿着夹克。

有人送他一件乘快艇时穿的皮夹克后，他就常常穿着它。

这种没有打扮的打扮，是他的特色。

美丽的家园

普林斯顿是一个宁静的小城。大学校园内有好几幢楼房，周围种满了各色各样的花木，辉映成趣。校园内一片寂静，使人觉得有点阴森。

数学和物理学的教室就在一幢用红砖砌起来的哥特式建筑物里面。

少壮数学家英费特正在走廊上踱着。英费特是出生在波兰的犹太人，以前爱因斯坦还在德国的时候，曾经协助他进入柏林大学攻读。他为了逃避纳粹的迫害，来到美国，投靠爱因斯坦。

二〇九号房——这就是爱因斯坦的研究室。英费特敲了敲房门，立刻从里面传出声音：“请进来。”

开门进去，爱因斯坦就在那里坐着。

爱因斯坦比从前在柏林的时候老得多了。这也难怪，前后已经相隔十六年了。他那散乱的头发已经开始变白，脸色也不像从前那样红润了。只有那双眼睛仍旧和以前一样的充满着智慧的光辉。

英费特心想着要互道久别之情，他满以为爱因斯坦会问些横渡大西洋时的情形啦、欧洲的现况怎样啦等问题，但他的期待完全落空了。

“你会说德语吧？”

“是的。”

“那么，我可以告诉你我现在正在研究的问题。”说着，爱因斯坦拿起粉笔，走向黑板。于是，他开始用缓慢的语调说明他的理论。

他嘴上衔着已熄了火的烟斗，在房里踱着，有时候就走到黑板前写上数学公式。他的说明简洁，听起来很清楚。他讲的是有关“力场与物质的关系”的问题。

不久，响了几下敲门声，一位个子瘦小、六十开外的老人进来了。这位就是雷比·齐毕塔教授。这位意大利的名数学家是因为拒绝宣誓效忠法西斯党，放弃了那边大学教授的职务，最近才来到普林斯顿的。

雷比·齐毕塔看到房里有客人，便用手指着门口，表示要出去。这时英费特急忙说道：“我要走了，改天再来。”

爱因斯坦说：“你不必走，就由我们三个人来谈一谈吧。然后大家再来讨论吧。”

他们两人谈话的神情，真是妙极了。爱因斯坦所讲的英语非常简单，他使用的句子只有三百个左右，发音也带着很重的家乡口音。他并没有正式学过英语，他只是从别人的谈话里硬学来的。雷比·齐毕塔的英语程度更糟，但他却用灵活的手势来补充语言上的不足。

虽然如此，他们都能充分了解对方的意思。对于数学家来说，当他们在讨论专门性的问题时，普通的语言几乎是不必要的，因为他们有独特的符号与专门的术语。

小个子的雷比·齐毕塔比手画脚，好像在跳舞。

爱因斯坦每隔三秒钟便去拉拉穿着将要滑下去的宽厚裤子。

眼看着这两人一边在黑板上写下许多数学方程式，一边用自以为是英语的语言讨论的神态，英费特差一点要笑出声音来。

“且慢。在这里讨论着物理学的两人，都是世界上最有名的科学家呀。你好意思因为那个人没有用吊带而取笑他吗？”

英费特这样想着，才好不容易地忍住没有笑出来。一直谈到傍晚时分，三个人才结束这次讨论。

要分手的时候，爱因斯坦对英费特说：“到我家里去一下吧？我拿论文稿子给你看。”

于是英费特便跟着这位老学者到他家去了。一路上，爱因斯坦所谈的净是物理学方面的事情。

到了长满藤蔓的家，他被带到楼上的书房。从窗口望出去，可以把展现在院子里的秋天景色，尽收在眼底。

“这里的景色，真是美丽极了。”这就是爱因斯坦这一天来第一次说出与物理学无关的一句话，也是仅有的一句话。

上帝无休假

拿到了论文原稿后，英费特小心翼翼地把它带回旅馆。那是一篇有关重力波的论文。牛顿认为所谓重力，是从远处作用的物质的性质，爱因斯坦的相对论把它否定了，爱因斯坦这篇论文的结论，是说没有所谓重力波这种东西。

假定这个推论不错，那么，它的结果对于相对论将有极大的意义。

英费特被那复杂的数式及配合得极为巧妙的理论迷惑住了。

“假如这是对的，那应该可以用更简单的方法来证明吧？”

英费特想了一个晚上，终于发现一道曙光。第二天，他把这个新的证明方法带到爱因斯坦那里，这位老教授很兴奋地说：“这太妙了。如果你能同我合作，那就再好没有了。”

于是，白发老学者和新进学者的奇妙的共同研究工作便开始了。

但是有一天，英费特很得意地把他的证明方法拿给普林斯顿大学的罗拔逊教授看过以后，教授却说："什么？没有重力波？……没有这回事，一定是计算错误了。我们再来验算一次。"结果呢？真是天晓得！他们发现了连中学生都不应当有的计算上的小错误了。由于这个错误，使整个结论也都错了。

英费特感到很泄气。

"这种经验是大家都会有的。越是简单的错误，越难发觉。"罗拔逊虽然这样安慰他，但他却觉得好像坠入无底的深渊了。

真对不起，爱因斯坦先生！

第二天早上，英费特跑到爱因斯坦那里去报告："老师，我那个结果是不对的，我在计算上犯了错误。我想重力波的确是存在着。"

爱因斯坦也坦白地说道："昨夜我已发现那篇论文的错误所在。我的证明也是错的。"

那是比英费特所犯的错误更细微的错误，因此，就更加难于发觉。

现在麻烦来了，原来，爱因斯坦早就预定在明天，就这个问题发表演讲呢！

"某月某日，下午五时起在一一三号教室举行数学讨论会。"

公告栏贴出这样的通告，内行人便会知道那是爱因斯坦主讲的讨论会，大家都会出席听讲的。假如公开写明"爱因斯坦主讲"，那一定又会从纽约赶来一大批新闻记者。

如今，爱因斯坦到底要讲些什么呢？过去的研究结果，已经在不到二十四小时以前证明为错误的了。

爱因斯坦用很坦白、诚恳的态度，完成了这次艰难的工作。这使得英费特佩服不止。他先从研究的题目，谈到求证的过程，然后说明他自己为什么犯了错误。

他做结论说："对于是否有重力波存在这个问题，我只能回答说不知道。不过，这真是一个很有趣的问题。"

这才是真正学者的态度。

不经过错误的经验，不会产生伟大的成就；大学问家也不是永远是对的，所有科学家都应该懂得这个道理。

爱因斯坦的论文里即使有些微的错误，他依然还是一位现代最伟大的科学家。

关于重力波的问题，由于以后的研究，终于证明它是"存在"的了。

不久，英费特发觉到，和爱因斯坦共同研究，是一件多么艰难的工作。因为爱因斯坦具有卓越的创见。

"假如以'老师的想法永远是对的'这个观念为前提来从事共同研究，那我的工作便只有呆板的计算事务了。这样一来，我就不能享受科学研究的乐趣了。我要对老师的想法加以怀疑。起初，您也许会觉得讨厌，但除非如此，我们的合作势将变成毫无意义的了。”

英费特这样说。

“我倒很希望你这么做，我很了解你的性格，我的脾气也是这样的。”

爱因斯坦笑着回答。

于是，对于英费特所提出的，不管多么细微的疑问，他都很亲切地说明，表现出一种大学者的风度。

不过，想要抢在爱因斯坦之先提供新颖的概念，这是很不容易的。

他尽量从与爱因斯坦不同的角度去考虑，偶尔想到一些新的概念，便高兴地跑到爱因斯坦那里去报告，虽知道爱因斯坦也早已获得同样的结论，甚至于走在更前面了。

爱因斯坦经常是领先一步地指导着这位年轻有为的学者。为了百尺竿头更进一步，英费特也不得不努力用功了。况且，爱因斯坦本人也是非常勤勉的。

曾经有一次，英费特问他：“明天是礼拜天，不晓得可以不可以打扰您呢？”

爱因斯坦便露出诧异的表情说：“你有什么原因不来呢？”

“我想，礼拜天您也许要休息……”

爱因斯坦听了，便大声笑着说：“礼拜天上帝也是不休息的呀。”

入籍美国

原来，爱因斯坦是凭旅行签证到美国的。依照美国的移民法令，能准他永久居住的官署，找遍全美国都找不到。因为那是要由美国领事核准，而领事是派驻在国外的。

于是，爱因斯坦专程跑到英国属地的百慕大岛，请派驻这个岛的美国领事官员签证。百慕大岛的居民都很热烈地欢迎本世纪最伟大的科学家。

不过，要想取得美国公民权，还要五年的时间。在这段时间里，需要准备参加美国宪法及有关美国公民权利义务的考试。爱因斯坦很热心地准备。

一九三六年，爱因斯坦到托连敦的马萨诸塞州地方法院，求见主管公民权业务的官员。

“你要先到邮政局办些手续。”

听了这个指示，爱因斯坦很愉快地点头示意，转往约有十五分钟路程的邮政局了。

那天正下着倾盆大雨。爱因斯坦没有戴帽子，当他走到邮政局时，已被大雨淋得变成落汤鸡了。但是他一点儿也不在乎地缴纳手续费，领了一些必用的表件回家了。

要完成最后的手续，还要等两年哩。

自从来到普林斯顿之后，爱因斯坦也时常到美国各地去旅行。偶尔他也发表一些非学术性的讲演。不过，当他不想讲话的时候，不管怎样邀请他讲演，他说不干就不干。

有一次，他应史沃斯摩亚大学校长的邀请，参加宴会，主人请他讲几句话，他站了起来，说道："各位来宾，我感到很遗憾，我实在没有什么可以讲的。"

说完，便坐下了。停了一停，他又站起来补充了一句："将来当我有话要讲的时候，我会再到这里来的。"

半年以后，爱因斯坦发了一封电报给校长，说是有话要讲了。于是，学校方面特地又举行了一次晚宴，请爱因斯坦作一场讲演。

有一次，爱因斯坦和朋友去看电影，买了票进去之后，才知道离上演还有十五分钟时间，他们便决定先到外面去散散步。

"十分钟以后我们再回来。"

走出戏院门口的时候，那位朋友向看门人打个招呼，便往外走了。爱因斯坦大概有点担心，他问了问看门人："我们的戏票已经撕过了，回来的时候你是不是认得我们呢？"

看门的人以为他是在开玩笑，便笑着说：“当然，爱因斯坦教授是人人认识的！”

来到美国之后，爱因斯坦最感兴趣的仍旧是快艇。一九三五年夏天，他在康乃狄格河畔的老莱姆地方租了一栋小别墅，重温在卡普多湖上游玩的情趣。

“就因为有驾驶快艇的乐趣，活着才有意义。”他曾经对伊丽莎夫人这么说过。

但有一天，这位最权威的科学家竟没有弄清楚退潮时的水深，把快艇开进浅滩上了。这时爱因斯坦怎么办呢？他躺在快艇上，仰望着蓝色的天空，等待涨潮把快艇浮上水面。这的确是最聪明的解困办法。

幸好在附近有一个避暑客乘摩托艇玩着，看到这种情形，才把他的快艇拖了出来。

“这个人可真是悠然自得呢。”避暑客惊叹不止，后来听说那个人就是有名的爱因斯坦，更加吃惊。

伊丽莎夫人去世

爱因斯坦真是一位亲切和善的人。如果有学生去看他，他就会很恳切地指导学生应跟哪位教授学习，应读哪些书籍等等。假如上去找他介绍工作，他也都很乐意地写介绍信。

不过，介绍信写得太多，效力便大为减低了。

“啊，又是爱因斯坦先生的介绍信呀？”

接到介绍信的人就不把它当作介绍信，而当作珍贵的“墨宝”保存起来呢。

有一家医院要聘请一位 X 光物理学家，有四个流亡的犹太人来应征。哪里知道这四个人每人都带有爱因斯坦的介绍信。

这样一来，太过分的亲切，不是会把一片好意勾销掉吗？

但是爱因斯坦却有他的道理：“我推荐的理由是各有不同的。医院方面可以就自己的需要，从这四个人里选出一个来。”

爱因斯坦住家附近的一位太太，有一天问她那十岁的女儿：

“最近时常找不到你，你到底到什么地方呢？”“去做功课嘛。”少女很轻松地回答。“到什么地方做功课？”

“就在一百一十二号那一家，住着一位世界上最好的数学老师。所以我常到他那里，请他教我做算术习题。”

“呀，你这个孩子，你是到爱因斯坦教授的家去的？”

“对了，他叫爱因斯坦。那位老公公，不管什么问题都会很详细地说给我听。他讲得比老师更清楚、明白。他又说，如果有什么困难的题目，随时都可以去问他。”

母亲对女孩的行为，感到惊讶万分，赶紧跑到爱因斯坦家去道歉。但是这位大科学家却含笑说道：“你也不必不安了。我和你家小姐交谈的时候，我从她那里学到的东西，比她从我这里学到的东西多得多呢！”

一九三六年冬天，悲哀笼罩了爱因斯坦家。病况渐渐恶化的伊丽莎夫人，终于进入危险阶段了。

夫人急病期间，楼下全都当作病房使用着。夫人已经没有好转的希望了，爱因斯坦就加倍体贴夫人，全心看护着她。

但尽管在夫人接近弥留状态时的紧张气氛里，爱因斯坦仍旧抽空做着他的研究工作。

那年十二月，夫人去世了。他们的亲友佛莱克斯奈博士发表了下述的声明：“爱因斯坦教授及他的家族，希望各位朋友能够尊重他们家庭的悲哀情绪，不要去打扰他们。”

夫人的遗体静悄悄地被葬在普林斯顿近郊的墓园里。

夫人死后过了两三天的早上，英费特到研究所一看，爱因斯坦早已在那里工作了。

这位老学者的脸色比以前苍白，显得很疲倦。看到那沉痛的表情，英费特只好默默地握住他的手。那些世俗的哀悼之词，英费特始终说不出口来。

两人装得若无其事地讨论着学术上的问题。在夫人死后，爱因斯坦还是抱着跟从前一样的热诚，继续他的研究工作。除了埋头研究外，实在没有方法可以忘掉这样大的悲痛。

可是，爱因斯坦宁静的研究生活，不久也被欧洲的战云破坏了。希特勒把全世界带进大战乱的漩涡里，为了抵抗他的侵略，世界各国奋起作战。

德国于一九三六年占领了芬兰，随着于一九三八年占领奥地利和捷克。

“我们所需要的就是这些。只要把奥地利和捷克给我们，我们便别无所求了。”德国政府发表这样的声明。

但爱因斯坦曾在德国住了很久，他很了解德国。自从一九二一年拉德诺被暗杀以来，他对纳粹的作风了解得很透彻。

再大的权力，仍旧不能使希特勒感到满足。一旦开动了重型坦克车，将会粉碎一切阻碍，往前直冲。

对付它的最后武器是什么呢？那是科学！在科学上完成伟大

发明的国家，将能获致最后的胜利。爱因斯坦很明白这一点，他注意着世界各国的科学研究。

曼哈坦计划

在德国的威廉研究所里面，有一位性格内向、身体矮小、打扮朴素的女性科学家，多年来一直在从事放射性元素的研究。她就是丽兹·麦托那博士，是曾被爱因斯坦激赏为“成就在居里夫人之上”的天才科学家。第一次世界大战的时候，威廉研究所曾请她筹设放射能物理学部。

一九三八年，这位女科学家与奥图·汉博士及史特拉斯曼博士共同从事铀的研究。这三位科学家正在做一种实验，想以中子冲击铀原子，造出比铀更强大的放射性元素。

那么，这个元素究竟是什么呢？奥图·汉与史特拉斯曼都还不能接受铀原子会分裂这个概念。只有麦托那一个人在这种概念之下进行研究。

当希特勒开始疯狂地迫害犹太人的时候，麦托那的研究正进行到最重要的阶段。可是当她知道了自己的脸上已被贴上“非雅

利安人”的标记时，她便决心要立即停止工作，远走国外。

希特勒被这个消息震惊了，他便百般笼络、横施压力，想使她继续留在国内研究原子弹，但是没有成功。麦托那获得朋友们的协助，她就把这样珍贵的研究，装在她的笔记簿和那优秀的头脑里，逃出德国，成功地逃亡到瑞典的斯德哥尔摩。

到斯德哥尔摩不久，麦托那完成了原子分裂的理论，而且在科学杂志上发表。

假如她继续留在德国，或许希特勒已经征服了全世界。

麦托那的表兄弟奥图·佛立许博士将她的实验结果，送给纽约哥伦比亚大学的勃亚博士，勃亚博士便同费尔米教授共同实验着麦托那的研究。

那个时候，芝加哥大学的雷欧·史迪拉博士也在做着同样的研究。费尔米教授是因为他的夫人是犹太血统而受到法西斯党的压迫，从意大利逃出来的物理学者；史迪拉博士也是为逃避纳粹的毒手，才从柏林大学转到哥伦比亚大学来的，他是奥地利人。

费尔米、勃亚、史迪拉三博士共同研究的结果，他们得到了下面的结论：麦托那实验出来的可怕的爆炸力，可运用于军事方面。

“以中子冲击铀，当原子核被破坏的同时，会产生许多中子，这些中子再冲击铀核子，使它发生分裂，经过这样的连锁反应，使核子依次地发生分裂，整个的铀便会发生大爆炸，那就有惊人的破坏力了。”费尔米说。

“假如纳粹根据这个发现，制造强力的炸弹，那会有什么结果呢？”史迪拉说。

“那时候他们一定会发动征服全世界的战争。而这种强力的炸弹是没有方法防御的。”

“不过，现在的问题是，能不能利用这个原理制成炸弹。虽然在实验里面算是成功了，要在工业上大量生产，那是一大事业。但这也不是不可能的。假如纳粹完成了它的生产，事情就严重了。”

“无论如何应该由美国抢先一步来完成它。可是，这样庞大的事业，绝不是个人的力量所能办到的。除非把全美国的智能、财富及工业力量都动员起来……”

关于这一点，他们三个人的看法是一致的。

“不过，这件事情绝不能随便说出来，因为它对社会的影响太大了。必须由一位德高望重，懂得原子科学，而且有实践能力的人出面才行。”

“是的，我也想到这个问题。最适宜的人选是……”

史迪拉和费尔米互相望了一望。

“只有爱因斯坦博士最适合！”

“是的！只有爱因斯坦博士！”

爱因斯坦曾经预言原子能的可怕的破坏力。而且，他的一言一语，比其他任何科学家都有政治上的号召力。

于是，由史迪拉博士写了一篇详细的报告书，力陈将来发生原子战争的可能性及其危险，并说明这一方面的研究，美国的科学未必领先德国。

看完这篇报告，爱因斯坦很快地明了一切情况了。事情已经发展到紧要的关头，但又不能公开在国会里提出来讨论。

他决定要直接向罗斯福总统报告。一九三九年八月二日，爱因斯坦写了一封信给总统，那时候正是第二次世界大战发生的前一个月。他在信中写道：

我看了费尔米、史迪拉两位教授最新的研究报告，这个报告使我确信，在不久的将来，可以用铀元素转换为新的重要的能源。鉴于目前的世界情势，本人认为政府应重视这个问题，如有必要，更应采取迅速的行动。

此一新发现，很自然地将我们引进炸弹的制造方面去——虽然还不能十分确定——我们或能造成一种新型的、威力极为强大的炸弹。假如把一个这种新型的炸弹，用小船载到港内引爆，那就能将这个港湾连同周围的一切设施，破坏无遗。

本人获悉，德国政府已经禁止自其所吞并的捷克运出铀了。德国政府何以采取这样迅速的行动，可以从下面这一事实获得了解：德国国防部次长翁·威茨札克的儿子，已经被派往柏林的威廉研究所工作，他就在该研究所内从事美国出产的铀的研究。

爱因斯坦强调：德国在这一方面的研究，可能已经领先美国；如果德国已经有这种炸弹，美国所受的危险，将是不堪设想的。他并主张邀请专门研究原子核问题的科学家，组成一个特别机构，研究铀的实用问题。

罗斯福的确是一位伟大的政治家，他采纳爱因斯坦的建议，立即动员全美国的学者，并提供大量的金钱，让他们从事研究。这就是所谓的“曼哈坦计划”。

一九四二年十二月二日，费尔米教授终于成功地做成铀的连锁反应。

原子弹的研究与制造工作，加紧地进行着。美国政府在奥克立治设立了一个秘密的大工厂，员工多达七万人，使它成为人口数十万的城市。又在汉福特设立一个铂的分离工厂，在鲁斯阿墨斯设立一个炸弹制造厂。

人类历史上最大的分析机被装置在这些工厂里。铀矿被打碎、洗涤，然后使它气化或固体化，通过几千吨重的巨大磁铁，或穿过十万分之一毫米的洞，经过诸如此类的繁琐程序，终于制造出原子弹。

回想当年，爱因斯坦是在一九〇五年发表 $E=mc^2$ 这个公式的。能量即质量，质量亦即能量。在质量里面，包含着惊人的能量。他曾预言：破坏原子而获得能量的日子，必将来临。这个日子终于来临了。现在已经知道，破坏原子核所产生的能量，至少有它所冲击能量的六百万倍。

但是爱因斯坦并没有参加新设的原子能委员会。他还是一个人躲在普林斯顿的研究所里，研究着统一场理论。

当想象到全世界在炮火之中被破坏的景象时，爱因斯坦就感到心痛。他认为世界最终的目标是和平，人类应该停止互相残杀、互相破坏。他想，为了促成世界的和平与人类的幸福，他应该贡献一切力量。

但放眼一看，大西洋的彼岸，那边正是风云紧急。德国侵略的火种，延烧了整个欧洲大陆，它在一年之中，已蹂躏了挪威、丹麦、荷兰、比利时和法国。

“希特勒企图奴役全世界了！我们应该打倒希特勒！”

以爱因斯坦为首的十七名科学家，向罗斯福总统提出意见书，主张美国应即援助英国及其盟邦。

“我们必须在希特勒毁灭一切以前，拯救世界。”他们说。

爱因斯坦对和平的看法，和第一次大战时期完全不同了。尤其是当他看到希特勒的疯狂侵略时，觉得不能不说话了。

“希特勒就是丛林中的猛兽。为了世界的和平，必须先打倒他。”

一九四〇年，爱因斯坦通过了最后的考试，取得美国公民权。

那一天，他由他的继女玛尔格特和秘书杜卡斯陪同，到马萨诸塞州托连敦的地方法院去。爱因斯坦的头发已经完全变白了，但他那双柔和的眼睛，仍和从前一样地发出智慧的光芒。

有一群新闻记者在那里等着他。

“您成为美国人是不是很高兴？”记者们很率直地问。

“当然啰！我为什么不高兴呢？”爱因斯坦很愉快地反问着。

过了一年多一点，一九四一年十二月七日，日本飞机突袭珍珠港，美国起而迎战。

一九四五年，过了六十六岁的生日以后，爱因斯坦从高等学术研究所退休。不过，像他这样全身充满着精力的人，是不会从学术界退休的。

爱因斯坦仍旧把一天的大部分时间花在研究所里。他须把他在一九〇五年首次发表的理论，予以完成。

一九四五年夏天，落在广岛的原子弹，结束了第二次世界大战。正如由于珍珠港的奇袭而突然爆发战争一样，四年之后，由于原子弹的使用，大战突然宣告结束。

战后，所有的秘密终于被公开了。以爱因斯坦写给罗斯福总统的信为基础，美国开始了原子能的研究。于是，在美国国内成立了三个秘密的城市。并且，爱因斯坦所提出来的公式 $E=mc^2$，也在四十年后被证实了。

这样说来，希特勒在爱因斯坦身上仅仅悬赏一千镑，未免太便宜了。

我是一个哲学家

爱因斯坦于一九四九年三月十四日过了七十岁的生日。

在玛莎街的他的家里，现在住着秘书兼管家杜卡斯、女儿玛尔格特与妹妹玛雅。

玛雅和温德勒教授的公子结婚，后来由于纳粹的势力扩展到意大利，为了逃避他们的迫害，她的先生便逃到瑞士，玛雅也到美国投奔哥哥了。

“他们兄妹长得真像呀。”大家都这样说。

她说话的神情、声音，天真而又深思熟虑的态度，完全跟她的哥哥一模一样。

爱因斯坦的生活，仍旧简单朴素。

“假如爱因斯坦真的不喜欢出风头，那他为什么不做普通的打扮，以免引人注意呢？他老是把头发留得长长的，喜欢穿着皮夹克；他不穿袜子，没有吊带，也没有领带……”有人这样说。

但答案是很简单的，他要尽量减少必需品，必需品越少，他就越觉得自由。

人只要对某些东西着了迷，便会成为它的奴隶。譬如说，一想到必须在没有电气、瓦斯、冰箱、汽车、收音机、电视机等等设备的地方生活，人们便将感到惶恐了。因为人们已经在不知不觉之间，变成那些东西的奴隶了。

爱因斯坦对这些东西的利用，要止于绝对最低的限度。留着长头发，可以省去理发的次数；不穿袜子也不会感到有何不便；经常穿着皮夹克，可以解决上衣的问题；至于领子、领带和吊带那些东西，更是多余的了。

鞋子、裤子、衬衫、棉毛衫……这些东西是绝对的必需品，是不能再节省的。只要有这些东西，不管在什么地方，爱因斯坦都可以安心地埋头做研究。

爱因斯坦的书房是在二楼。一面的墙边堆满了书籍，另一面摆着书架，上面有各种笔记，堆积如山。再一面是有整个房间的宽度大小的玻璃窗。

爱因斯坦时常口衔他所喜爱的烟斗，俯望着窗外美好的景色，去思考他的问题，或者写写东西。

他每天的早餐都很迟。饭后，有时要接见原子科学家协会的会员。之后，他的助手史特劳斯便会来约他。史特劳斯是出生于德国慕尼黑，毕业于耶路撒冷的希伯莱大学的年轻数学家。

年老的教授和年轻的助手，会一起走约二十分钟的路到达研究室。在法鲁多馆的爱因斯坦的研究室，是一个很小的房间，但只要有一张桌子和铅笔纸张，他随时都可以在这里工作。

助手在隔壁的大办公室。这也是一个空房间，室内的大柜子里面也是空的。桌子上只有一个空香烟罐子，那是以前用过这个房屋的物理学家勃亚留下来的。

他们两人仍旧在思考着统一场理论。他要完成电磁场与重力场的统一理论，然后再进一步，以“物质”与“场”的统一为最终目标。他很想指出，凝结的“场”，便是物质。

现代物理学，是由爱因斯坦所完成的相对论以及普兰克所创而近来日益发达的量子论而成的。爱因斯坦的统一场理论，就是要把这两者合而为一的。

这是极端困难的工作。有时候像是找到了头绪，但第二天又进入茫茫无涯的迷途。要冲出这个重围，就得有耐性、毅力，而毅力则是由对真理的向往产生的。

有一天，爱因斯坦在研究所的院子里，遇见了研究所的开创人佛莱克斯奈博士。

“博士，我告诉你一个好消息，我现在刚打开了一大发现的门。”爱因斯坦满脸笑容地对他说。

过了两三个星期，他们两人又见面了。

“佛莱克斯奈先生，你是不是还记得，我曾经告诉你我已经找出了一大发现的端绪这回事？”

“嗯，我正想打听进一步的消息呢！”

“是吗？那个线索已经证明是不行了。”爱因斯坦很轻松地回答。

这就是老科学家的态度：不管经过多少次的失败，他还是不灰心，继续努力研究。从这一点我们也可以看出他的伟大。

科学家很容易衰老。一到六十岁，很多科学家都要从第一线上退休下来。可见科学研究是多么剧烈而辛苦的工作。尤其是理论物理学这一方面，一般认为在三四十岁以后，是不可能有伟大的发现的。

然而，爱因斯坦过了七十高龄之后，却还不服输，仍在集中精神，希望能征服科学的最高峰！无论如何，爱因斯坦是本世纪最伟大的科学家。

“在我三十岁以前，我从没有遇见过一位真正的理论物理学家哩。”爱因斯坦曾经对人说过。

说实在的，没有任何外来的刺激，而要在十年的漫长岁月里，专心研究一个问题，那就需要有一种坚强的性格。

曾经有一次，发生了如何安排众多的犹太人流亡学者的问题。那时候爱因斯坦对人说：“如果这些人都是科学家，那么除了大学之外，应该还有很多适当的工作可以干哩。”

人们追问他，那是什么工作，他答道：“灯塔的守望员就是。”

他认为，灯塔的守望员可以不受到外界的干扰，专心致力于研究工作。这和他早年说过的“科学家应该去当皮鞋匠”，是同样的道理。

可是别的科学家却不做这种想法。他们认为科学家必须置身于不断发展的学术界中，经常接受进步的刺激，个人的研究才会有进展。假如关在绝海孤岛的灯塔里，连一个可以共同讨论的朋友都没有，科学之芽也将会枯萎。

只有少数的天才，才能用自己的力量，培养科学之芽，使其茁壮。爱因斯坦就是这种天才之一。

最后，他终于完成伟大的理论了。“爱因斯坦博士发表了新学说！”报纸和电台竞相报道这件新闻：

“爱因斯坦博士的新学说，是于一九四九年十二月二十六日，在纽约举行的美国科学协进会的年会上发表的。这个新理论，是将支配两种最根本的力量——重力与电磁力的法则，用一连串方程式表示出来，它已被命名为‘统一场理论’。物理学家已经知道，几乎所有的自然现象，均由重力与电磁气所发生。而自一九二〇年以来，综合场的理论的发展，已成为物理学的主要目标。爱因斯坦博士认为，这次发表的学说，已经达成这个困难的目的。

“由于博士的理论太过于新颖，到目前为止，他的同事们之中还没有人能够了解这个新理论。因此，还不打算征求其他物理学者的批评。爱因斯坦博士自己也说过：‘因为这个新学说在数学上极端的复杂，所以，还没有找到利用实验来证明的具体方法。’”

爱因斯坦常说：“大家都说我是科学家，其实，我是一个哲学家哪。”

他又说：“虽然我不知道能再活多久，不过，我想利用我的余生，致力于自己认为最根本的问题。”那就是“统一场理论”了！

年过七十，他终于征服了科学的最高峰。爱因斯坦站在那个高峰顶上，满怀心思地回顾。他看到很多青年科学家，劲力十足地向着山顶爬上来。

“哦，可爱的青年朋友们！努力吧，真理的高峰就在这儿呢！”爱因斯坦这样勉励着青年朋友。

一九五五年四月十八日，这位驰名国际的物理学家终因患胆囊炎而与世长辞了，享年七十六。

爱因斯坦曾经说明他成功的公式如下：A=X+Y+Z

“如果A在人生中是成功，则可以用公式表示：

X代表工作，Y代表游戏，Z代表缄默。”

爱因斯坦年谱

公元纪年	年 龄	记 事
一八七九		三月十四日，生于德国南部史瓦边。
一八八〇	一岁	全家搬到慕尼黑。
一八八五	六岁	进天主教小学。
一八八九	十岁	进路易堡中学。
一八九四	十五岁	全家搬到意大利的米兰。
一八九五	十六岁	参加苏黎世理工大学的入学考试，没有考取。又进亚罗中学。
一八九六	十七岁	免试进苏黎世理工大学。
一九〇〇	二十一岁	大学毕业。取得瑞士国籍。
一九〇一	二十二岁	任职业学校的代用教员。
一九〇二	二十三岁	任职伯恩专利局。

公元纪年	年　龄	记　事
一九〇三	二十四岁	与米立琵·马利区结婚。
一九〇五	二十六岁	发表特殊相对论、关于光量子及布朗运动的研究论文。
一九〇七	二十八岁	任伯恩大学特约讲师。
一九〇九	三十岁	任苏黎世大学教授。
一九一〇	三十一岁	任布拉格大学教授。
一九一一	三十二岁	发表关于光与重力的关系的论文。出席索尔贝会议。
一九一二	三十三岁	任母校理工大学的教授。
一九一四	三十五岁	任柏林威廉研究所的物理系主任。
一九一五	三十六岁	完成一般相对论。
一九一七	三十八岁	娶表妹伊丽莎为第二任夫人。
一九一九	四十岁	因三月二十九日的日食观测，相对论获得证实，声名大扬。
一九二一	四十二岁	旅行巴黎、布拉格、维也纳等地。赴美国劝募希伯莱大学的建校基金。回途访问英国。
一九二二	四十三岁	到日旅行。获赠诺贝尔奖。
一九二三	四十四岁	从日本的归途，访问巴勒斯坦及西班牙。
一九二五	四十六岁	到巴西、阿根廷等地旅行。
一九二八	四十九岁	在恩加坦病倒。
一九二九	五十岁	发表统一场理论。柏林市政府计划赠送一幢别墅，以庆祝他的五十岁生日，结果未成。

公元纪年	年　龄	记　事
一九三〇	五十一岁	应邀到加利福尼亚理工大学讲学六星期。
一九三一	五十二岁	再度赴加利福尼亚理工大学。
一九三二	五十三岁	第三次到加利福尼亚理工大学。
一九三三	五十四岁	希特勒迫害犹太人。被悬赏一千镑。定居普林斯顿，成为高等学术研究所的教授。
一九三六	五十七岁	伊丽莎夫人去世。
一九三九	六十岁	致函罗斯福总统，主张立即研究原子弹。
一九四〇	六十一岁	取得美国国籍。
一九四五	六十六岁	自高等学术研究所退休。
一九四六	六十七岁	出任原子科学家协会的会长。
一九四八	六十九岁	获赠“天下一家”奖。
一九四九	七十岁	发表统一场理论的最后论文。
一九五五	七十六岁	四月十八日，患胆囊炎去世。

图书在版编目（CIP）数据

爱因斯坦 / 杨政和编写 .—西安：陕西人民出版社，2013
（世界伟人传记）
ISBN 978-7-224-10884-2

Ⅰ.①爱…　Ⅱ.①杨…　Ⅲ.①爱因斯坦，A.（1879~1955）—传记—青年读物②爱因斯坦，A.（1879~1955）—传记—少年读物　Ⅳ.①K837.126.11-49

中国版本图书馆CIP数据核字（2013）第243457号

著作权合同登记号：25-2012-200

项目合作：锐拓传媒copyright@rightol.com

世界伟人传记·爱因斯坦

编　　写：杨政和

出版发行：陕西出版传媒集团　陕西人民出版社
地　　址：西安北大街147号　邮编：710003
印　　刷：西安市建明工贸有限责任公司
开　　本：880mmx1230mm　32开　9.125印张
字　　数：164千字
版　　次：2013年10月第1版　2017年1月第2次印刷
书　　号：ISBN 978-7-224-10884-2
定　　价：21.00元